聆听汉字之美

花草字传

Tales of the Words
for Flowers
and Grasses

万紫千红

Rainbow of Colors

张一清 著

梁 艳 读

山东友谊出版社

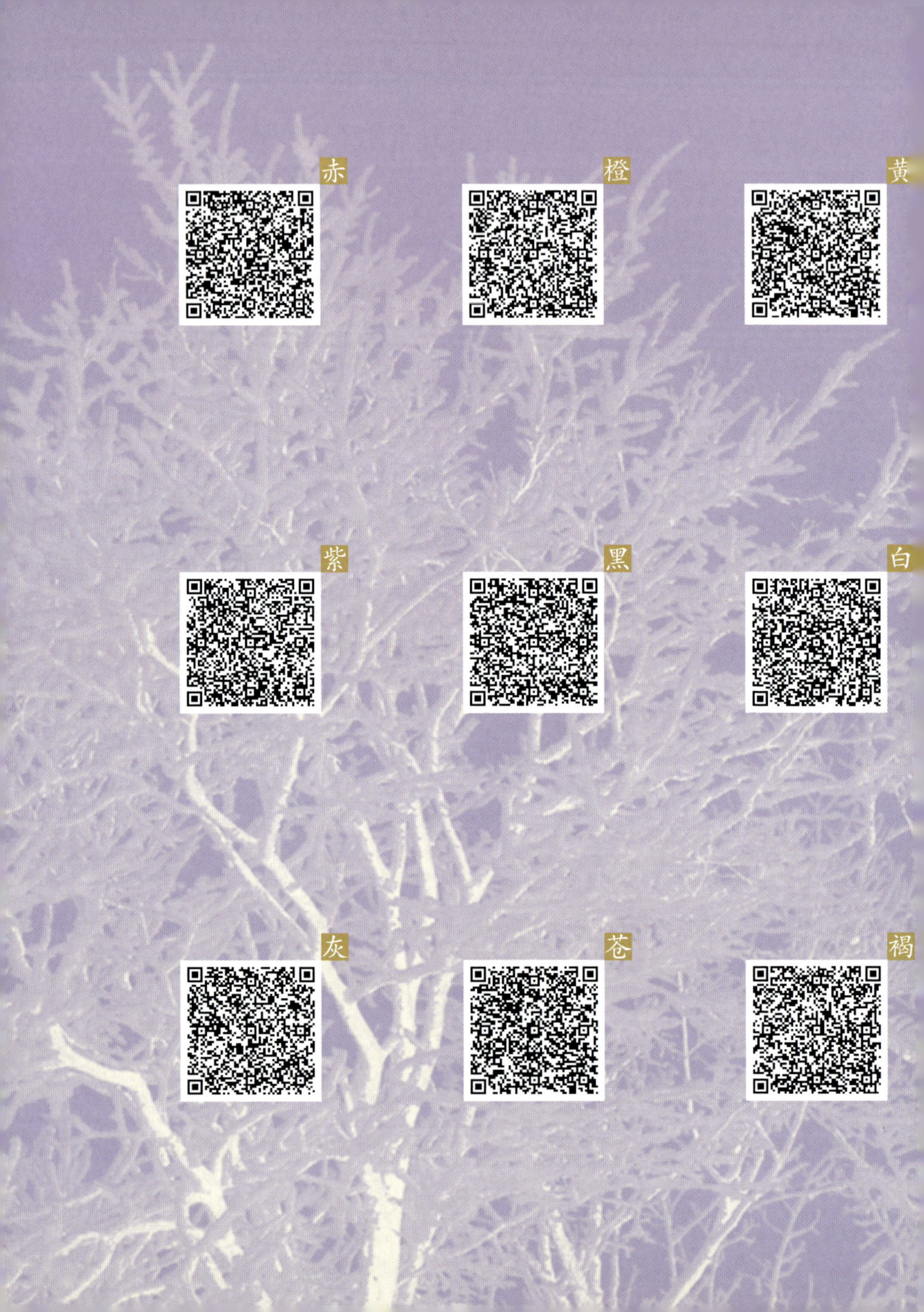

赤 橙 黄

紫 黑 白

灰 苍 褐

绿

青

蓝

红

朱

丹

素

皓

黔

前言

我写这套书源于一个既偶然却又必然的机会。

央视新闻主播梁艳和我是参加《中国汉字听写大会》时的同事，她在现场是考官，我是嘉宾，就这样，我们逐渐熟识了。后来我们经常聊一些与汉字和文化有关的话题，我们的漫谈看似海阔天空，实则形散而神不散。我凭着一点还不算驽钝但也谈不上敏锐的领悟力，慢慢意识到应当把对汉字的感受与更多的朋友分享。

恰在此时，又有新老媒体都做得颇有心得的龙朝朝女士、浸淫美术和出版多年的姜海涛女士也加入了我们的漫谈。大家由于志趣相投，倒也省却了许多客套的环节。漫无边际之中，我们的谈话渐渐聚焦于几个问题：

第一，我们每天都离不开的汉字是怎么发展到今天的。

第二，表示我们身边大小事物的汉字跟这些事物本身有什么联系。

第三，我们应该如何把汉字中的内涵和中华文化意蕴告诉我们的后代。

说实话，每一个话题都不小，想要真正说清楚又谈何容易。好在我们几位都是比较务实的人，而且对我在汉字方面有几斤几两也都心中有数。因此，我们打算就从最常见的事和最常用的字入手，力争用文字、声音和图画联合呈现的方式，尽量传递汉字与中华文明的意韵与优美。

看一看我们身边的大千世界，花草树木无处不在，可是除了植物学家，我辈凡夫俗子对它们中的绝大多数大概是叫不出“姓名”的；而且就算对那些能知道名姓的“赤橙黄绿”，我们也不一定能真正了解这些称呼的来源和寓意。

对于自然界的万千植物，传统文化从多种角度都有过一些表述，如“人非草木，孰能无情”“落红不是无情物”等等。

以上两种看似矛盾的习惯用语和诗句，其实它们各自都有自身的针对性：前者强调人是“性情中人”，理应有情有义，其中也包括对自然万物的情与义；后者则彰显草芥也是有感觉、有情怀的生命体，同样需要人类的关注与尊重。

中华文明上下几千年，从古至今一向不缺乏寄情自然的人与事：“东篱采菊”的陶令，“梅妻鹤子”的林逋，守着十棵参差不齐古松怡然自得的白居易，还有宁可食无肉也要居有竹的苏东坡……无数先贤用他们体察、关爱自然的胸怀，在“菊、梅、松、竹”等汉字中镌刻真情与大爱，并给后人留下玩味和感动的空间与源泉。

另一方面，大自然的寻常之物若与人类相比，看似“心智”不全，实则“心地”善良。例如描摹谷穗下垂状态惟妙惟肖的“禾”字，原来是农作物扬花吐穗之后不忘根本，俯首向滋养、支撑自己的根部致意；而《诗经》中“常棣之华，鄂不韡韡。凡今之人，莫如兄弟”，则又给“萼（鄂）、不（跗、柎）”等字注入了浓浓的兄弟之情……看起来，大千世界处处有情，汉字之中韵味无穷。

本着上面这点粗浅认识，我们几个人讨论并形成了首先写一写汉字中的花草树木这样的思路。

承蒙山东友谊出版社的抬爱，他们拟议并通过了这个出版选题，而且协调精兵强将筹划实施出书事宜。在他们的大力支持下，这套小书最终得以问世。在此特别感谢为本书付出辛勤劳动的出版社编辑以及工作人员。

我们还要向《中国汉字听写大会》的总导演关正文表示敬意与谢意，敬重他坚持不懈推动汉字和中华文化的普及与传承，感谢他客观上为这套书的萌生提供了必要的机缘。

对于本套书引用到的大量古今经典，我们更是对创造它们的巨人、大师感念于心并满怀敬意。感谢他们用挺直的脊梁支撑起灿烂悠久的中华文明！感谢他们用坚实的肩膀支持着一代又一代人不断进步与创新！

我还要感谢我的太太胡明女士和女儿张牧笛小姐，因为她们是书稿的第一审阅者，她们向我提出了许多富有建设性的意见与建议，书稿中也凝结着她们的心血。

最后，我们也必须向本书读者表示由衷的感谢。因为你们的关注将是我们继续探究汉字与中华文化的不竭动力，特别是你们的批评与指正也必将使我们不断增长知识，并且和你们一道更好地传承我们中华民族绵延数千年的优秀文化。

张一清

2016 年 7 月

目录

扫描收听有声版

赤

chì

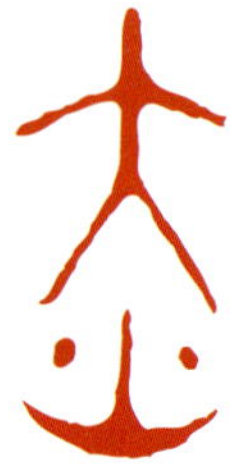

“赤”这个字的甲骨文和小篆字形上边是“大”，下边是“火”的变形。关于这个字形与意义之间的关联，大致存在着两种意见：一种意见认为，“大”原本就是正面站立的人形，所以“赤”表示人在火旁被烤得通红，这也就是赤红的颜色了；另一种意见认为，“赤”就是“大火”，表示炽盛的火焰的颜色。

反正不论哪种意见，均认为“赤”与火有关，直接也好，间接也罢，总之是在火光笼罩范围之内的色泽。

赤日炎炎，这既是这个巨大火球本身辉煌耀眼的色彩，同时也会令一些人想起曾经由于各种原因在阳光下曝晒的经历，仿佛只在须臾之间，身体上裸露

小篆

赤

隶书

赤

楷书

赤

行书

旭日古柏图
清
石涛

明赤罗衣

连生贵子图
清
冷枚

的肌肤就像滴上某种试剂的试纸一样，陡然一片红彤彤。

像火又像阳光，这绚丽的赤色是天地之间最明艳的色彩，它意味着在那红艳艳的光芒中，一切都洞然昭著毫无保留。因此，赤身裸体就是像呱[1]呱坠地的婴儿一样不着[2]丝缕，毫无掩饰地把原生态展示给世界。而且正是因为如此，襁褓中的婴儿也才有了“赤子”的美称。当然，对祖国、对母亲的赤子之心，其重心更在于内心的坦诚和无私。

同样的道理，“赤贫”“赤地千里”同样指的是没有任何掩蔽的东西，一切均是坦荡荡、一目了然。只是这样的大白于天下，显然属于一种令人忧虑、不安和辛酸的袒露。

不过，金灿灿的“赤金”又是另外一回事了。“赤金”是指没有任何杂质掺在黄金中，表示的其实是没有任何多

① 这是个多音字，读 guā 的时候，“呱呱”表示鸭子、青蛙等的响亮的叫声；读 gū 的时候，“呱呱”表示婴儿的啼哭声等。

② 这是个多音字，除了读 zhe，读 zhāo 的时候，意思是“下棋落子；策略”等，例如“棋高一着”；读 zháo 的时候，表示“燃烧；睡眠状态”等；读 zhuó 的时候，表示“穿、关切”等，例如“着衣、着意”等。在这里是最后一种读音和意思。

金瓯永固杯
清

金镶九龙戏珠镯
清

余的东西掺杂，更加彰显出足金的纯净。当然，“赤金”只是一种理论上的存在，“99.9% 含金量”小数点后面的 9 可以无穷无尽地延伸下去，可是现实中永远也不可能达到 100%。这也就是所谓的“金无足赤，人无完人”吧。例如宋代戴复古《寄兴[3]》：“黄金无足色，白璧有微瑕。求人不求备，妾愿老君家。”

实际上，“人无完人”的理念既是一种智慧，也是一种胸怀。战国时著名的“四公子”之一孟尝君，智商情商均不可谓不高，但是，就算这样的杰出人物也有因为稍嫌过分的挑剔而差点驱逐一名门客的经历，幸得当时另一位智者鲁仲连出言相劝：“猿猕猴错[4]木据水，则不若鱼鳖；历险乘危[5]，则骐骥不如狐狸。”这才一句点醒梦中人，使得孟尝君打消了原有的念头。

③ 这是个多音字，读 xīng 的时候，表示“举起；使兴盛”等；读 xìng 的时候，表示“情趣”等。在这里是后一种读音与意思。

④ 在这里与“措”意思相近，表示“放置、安放”等意思。

⑤ 在这里是“走比较陡峭险要的山路”的意思，并不是“经历危险”那种意思。

再行一步

很显然，这样一些古老的智慧是祖先留给我们的丰富宝藏，足够我们慢慢去体会和享用。

当然，古老的华夏大地上的年年岁岁并不总是风调雨顺，曾经也有“长夜难明赤县天”⑥的时候。

赤县，这是中华大地的一种别称，例如《史记·孟子荀卿列传》：“中国名曰赤县神州。”这里“赤县”“神州”并举，最初含义是一南一北，赤县乃炎帝统辖的南方区域，神州则是黄帝治下的北方领地，南北合在一起就是我们祖先开疆辟土时奠定的中华大地的基础。

南方之所以称“赤县”，是因为按照阴阳五行之说，南方属火，颜色为朱红，而且炎帝本身也是以“火德”施行统治。所以，这一切都使得“赤”逐渐成为南方的一种标志，进而也成为神州大地的一个代表。

像“赤县”一样也代表中华大地的还有若干种说法，诸如“九州”“函夏”“诸夏”等等，例如唐朝诗人王勃《拜南郊颂并

⑥ 摘自毛泽东《浣溪沙·和柳亚子先生》。

《洛神赋图》（宋版）中服赤的曹植

序》中就有“揖让而取文明，指麾[7]而清函夏”这样的句子。这些说法从古代沿用至今，逐渐也就可以表示现实意义上的中国了，例如郭沫若就曾经在《归国杂吟》这首诗里面写到过：“欣将残骨埋诸夏，哭吐精诚赋此诗。”“夏”由大禹治水开始就表示华夏大地中央广袤的疆域，“函”具有“包罗、囊括”等意思，而“诸”则具有“多”的意思，因此，“函夏”“诸夏”最初指的就是整个华夏，后来也就可以表示中国了。

⑦ “麾”在古代指军队的旗帜，因此，“指麾”的意思就是用军旗指挥调度，后来逐渐就有表示“一切调度安排”的意思了。“指麾”通“指挥”。

扫描收听有声版

橙

chéng

橙

小篆

隶书

楷书

行书

“橙”这个字左边的“木”表示它的意思与树木有关，右边的“登”表示它的读音；左右合在一起，最初指的是一种柑橘[①]类常绿乔木或灌木，也表示这种树木所结的球形果实。

橙也称橙子，品种多样，如脐橙、甜橙、血橙等。这一类果实外形大同小异，果皮则整齐划一地均为间乎红、黄两种颜色之间的橘红色。

按照现代科学解释，橙色是电磁波可视光部分中的长波，波长大约为590纳米[②]至610纳米。而红色则是可见光谱中长波末端的颜色，波长大约为610纳米至750纳米；黄色是电磁波可视光部分中的中波长部分，波长大约为570纳

① “橘”曾经有一种俗体写作“桔”，但是按照《通用规范汉字字典》，“桔”读作 jié，只用于“桔梗、桔槔”等。因此，“桔”现在已经不能再表示“橘”的意思和用法了。

② 又称“毫微米”，是极小的长度计量单位。1纳米等于0.000001毫米。

花鸟小品 橘
南宋
佚名

橙

米至585纳米。

橙色是暖色系中最温暖的颜色，因其明亮耀眼，所以常常被用在一些需要产生醒目效果的物品中，例如救生衣、消防员制服等。另外，橙色还非常适合营造喜庆、热烈的气氛，因此，它也常常成为节日、聚会以及大型活动中的主要装饰色。

橙色地兰花蝴蝶纹氅衣
清

世界足坛著名的“橙色军团”荷兰国家队，队中一直不乏天赋极高、球技足以傲视群雄的天才球星，队员之间的配合以及全队的攻防战术常常也是行云流水、令人痴迷。但是，令人遗憾的是，该队时乖运蹇[3]，世界杯亚军、季军和殿军均已揽入怀中，只是距冠军奖杯始终仅有一步之遥。那叱咤绿茵的橙色旋风曾让多少球迷为之兴奋、喝彩；而尘埃落定之后，那些落寞的橙色背影又让多少球迷为之扼腕、心碎。

③ 这个字读 jiǎn，最初意思是跛足，后来也表示“遇到阻碍、不顺利”等。

楼

晴川揽胜图

清

恽寿平

伥立远眺
明
沈周

关于“橙”这个字的由来，根据李时珍《本草纲目》引宋代陆佃《埤[4]雅》：“橙，柚属也。可登而成之，故字从登”，或许我们可以捕捉到“橙”这种植物的某些特性。再参照宋代谢维新《古今合璧事类备要》：“橙树高枝，叶不甚类橘，亦有刺”，一些隐含的东西似乎渐渐浮出了水面，那就是这种植物相对于柑橘类的其他树种而言，树形比较高大，所以在高高的枝头所结的果实也就隐含了“登高”的寓意。

④ 这是个多音字，读 pí 的时候，表示增加；读 pì 的时候，指的是城墙上的矮墙。在这里用的是前一种读音和意思，“埤雅”意味着对较早的辞书《尔雅》的增补。

再行一步

然而，也并非所有称之为“橙”的树木都体形壮硕，例如古代有一种名叫“给[⑤]客橙”的植物以及果实，它的体形不仅谈不上高大，反而算得上是娇小了。这种植物我们并不陌生，它就是往往在年节时更多见于盆栽的金橘。因为“橘”与“吉”谐音，所以这种植物也就被赋予了“吉祥、吉利”的美意，于是成为春节时装点居室以及赠送亲友的佳品。

根据李时珍《本草纲目》引北魏皇族元欣所著《魏王花木志》[⑥]记载：“蜀之成都、临邛[⑦]、江源诸处，有给客橙，一名卢橘。似橘而非，若柚而香。夏冬花实常相继，或如弹丸，或如樱桃，通岁食之。”可见这种植物古已有之，也称“卢橘”。在古代文献的一些版本中，“给客橙”又作“遗[⑧]客橙”。

至于金橘在当时为什么又称作“给客橙”，或许晋代裴渊所著《广州记》[⑨]会告诉我们某种推断。他在书中说：“给客橙者，其芳香如橙，可供给客也。”

另外，“橙”在古代还可以表示“凳”的意思，因为它的

⑤ 这个字在这里读 jǐ。

⑥ 也有意见认为该书作者是南宋范成大。

⑦ 这个字读 qióng，古代和现代都用于地名，例如四川省邛崃市。

⑧ 这个字在这里读 wèi，意思是“赠予、送给”等。

⑨ 也有意见认为该书作者是晋代的顾微。

古音原本就与“登”相通。因此，读古代文献的时候，如果遇到“梯橙”，千万不要以为这是一种什么植物或果实。实际上它是一种比普通板凳高约一倍以上的凳子，后来也可以指梯子一类物品，主要作用是垫脚向高处作业或取物、眺望等。例如佛教经典《华严信种义》：“如危楼切汉依梯橙登其上”，意思是“危楼高百尺，手可摘星辰”[10]一般的高楼，可以像攀登云梯一样拾[11]级而上。再如《金瓶梅词话》：“只见先头那丫头在墙头上打个照面，这西门庆就蹦[12]着梯橙过墙去了。”

雕花花橙
清

⑩ 李白《夜宿山寺》中的诗句。

⑪ 这个字在这里读 shè，意思是轻步而上。

⑫ 这个字读 xǐ，最初指的是“舞鞋、草鞋”等，后来也表示“踩、踏”等。

扫描收听有声版

黄

huáng

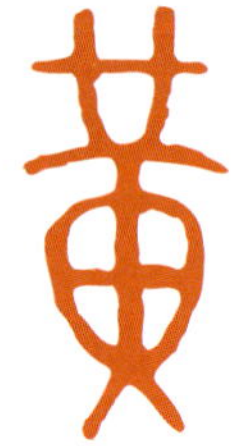

“黄”，按照现代解释是像黄金或向日葵一样的颜色，而按照古代解释，则是类似黄土高原那种土壤一样的颜色。例如《说文解字》：“黄，地之色也。”

姑且不论金灿灿的向日葵和土黄色的土壤这两种颜色的色差，单说“黄”这个字的来源，就让历代学者颇费周章。目前对这个字的由来存在着多种不同解释和意见。

第一种意见说这个字的小篆字形由“田”和“光”在古代的一种字形“炗”构成，“田”表示土地，“炗”表示色泽和整个字的读音，所以合在一起表示土地的颜色。

第二种意见认为“黄”的金文字形描摹的是蝗虫，所以其最初指的就是这种对农

小篆

隶书

楷书

行书

狩猎
西魏
敦煌莫高窟 249 窟

孝经图
明
仇英（绘）文徵明（书）

作物有害的昆虫，后来才被借去表示颜色。

第三种意见认为“黄”的甲骨文字形是，描摹的是一张完整兽皮的形状，所以“黄”应当是表示整张兽皮的“鞹[①]”这个字最初的字形，后来又被借来表示颜色。

还有一些意见也很有创意和想象力，比如有一种意见说“黄”指的是中心、中央，因为《礼记·郊特牲》里面有“黄者中也”的说法，然后再综合考虑“黄”的读音，可以推断“黄”应当代替的是与其读音相近的“核[②]”。这种想法当然也不是凭空而来，因为按照五行方位与颜色的对应关系，与“黄”对应的“土”就处在中央，例如《左传·昭公十二年》:“黄，中之色也。”

如此多样化的解释，使得“黄”承载了许多传统文化的内涵，如田地所代表的农耕、兽皮所代表的田猎以及五行所代表的阴阳观念等。而与中华民族结合得更加紧密的“黄”，则无疑是我们的人文

杏黄色菊蝶纹实地纱画虎皮纹小单袍
清

① 这个字读 kuò。

② “核”有 hé、hú 两种读音，属于文白异读。在口语里单用的时候，一般读 hú，而且往往要儿化，读成 húr。

故宫金黄色的屋檐和门

始祖黄帝，还有中华文明的摇篮黄河，而且我们华夏儿女还有一个抹不去的共同印记——黄种人。

暂且不评论西方世界以人的肤色划分人种的科学性，“黄”对于中华民族而言无疑是一种十分高贵的色彩，除了上述与“黄”相关的种种文化符号，其他如辉煌的宫殿庙宇，一片金灿灿的琉璃瓦无声地彰显着威严与气魄；而耀眼的明黄还曾经有过被皇家独占的历史。

唐太宗立像
唐
阎立本（宋人摹）

至于当今社会那种与色情、低俗相关的“黄”,其根源反而是不折不扣的“舶来品”。据说“黄”的这种消极寓意来源于19世纪末20世纪初的西欧，原因是那里曾经出现过以黄色封面为标志的低俗文学作品，另外还有一本以比较颓废的文人为主要撰稿人的刊物《黄杂志》。当然，也有意见认为“黄”的这种意思可能来源于美国19世纪末两家报社的“黄色新闻”栏目。

黄

再行一步

除了这种含有异域气息的“黄”，完全产生于我们本土的某些“黄”的确也隐含着丝丝缕缕并不阳光的情绪。例如出自汉武帝刘彻之手的《秋风辞》中“秋风起兮白云飞，草木黄落兮雁南归”语句，就发散着对草木凋零的某种感慨。还有宋代陈与义《连雨赋书事四首》中“白菊生新紫，黄芜失旧青”诗句，表达的也是时令交替推移、草木由青转黄的景象。

自然界大量落叶性绿色植物总是要经历枯叶凋零的时节，而这种非人力所能干预的现象，也使得“黄”产生了“失败、不能实现、无法挽回”等等含义，例如《红楼梦》：“薛蟠听了这话，又怕闹黄了宝蟾之事，忙又赶来骂秋菱。”

红楼旧梦，最让人记忆深刻的莫过于那一众颜值无敌、个性鲜明、仪态万千的红粉佳人。而在中华传统文化中，女子妆容在历朝历代都是一道亮丽、耀眼的风景线。从《诗经》的“螓首[3]蛾眉[4]，巧笑倩兮”，到唐代温庭筠的“懒起画蛾眉，弄妆梳洗迟”，再到明代梅鼎祚的“写颊胭脂，拂眉螺黛[5]”，延续

③“螓”读作 qín，古代文献中指一种体形较小的蝉。“螓首”的意思是形容女子的额头宽而周正。

④“蛾”指的是蚕蛾。“蛾眉”的意思是形容女子的眉毛像蚕蛾的触须一样又细又弯。

⑤“螺黛”指的是古代女子画眉时使用的黑绿色颜料，例如欧阳修《阮郎归·落花浮水树临池》：“浅螺黛，淡燕脂。闲妆取次宜。”

澄观图册之五
明
蓝瑛

北齐校书图（局部）
北齐
杨子华

的就是华夏女子爱美扮靓的历史与传统。而“额黄”就是这道风景线中一抹明艳的金光。

“额黄”又称“花黄”“约黄”等，指的是女子用金粉等黄色颜料装点额头的一种化妆形式。据称这种妆容始于南北朝时期，主要是受到佛教传入中国后寺院佛像均为金身的启发，女子均以画此妆容为美。例如南北朝时期《木兰辞》：“当窗理云鬓，对镜贴花黄。”还有唐代李商隐《蝶》：“寿阳公主嫁时妆，八字宫眉捧额黄。”看来，从平民女子到皇家千金，不约而同地都成为这股风潮的逐浪者。

扫描收听有声版

绿

lǜ

缘

“绿”左边的绞丝旁“纟”表示这个字的意思与丝有关，右边的“录”表示它的读音；左右合在一起表示丝织物青中带黄的颜色。例如《诗经·邶风·绿衣》：“绿兮衣兮，绿衣黄裳①。”

东汉刘熙在《释名》中则说：“绿，浏也。荆泉之水于上视之，浏然绿色。”“浏”本来的意思是清澈，因此，这句话的意思是从上面看泉眼处形成的小潭，一泓潭水清澈而泛着绿色。而同样表示水的清澈，与“浏”意思相同的还有“渌”，例如张衡《东京赋》：“渌水澹澹②。”

由此可见，“绿”的含义如果最初来自水“清澈而泛着绿色”，那么，它

小篆

隶书

楷书

行书

①“裳”在这里读 cháng，在古代指的是男女都可以穿在下身的一种裙装。

②这是个多音字，在复姓“澹台”里读 tán；表示其他意思时读 dàn。“澹澹”的意思是水波荡漾的样子，例如李白《梦游天姥吟留别》：“云青青兮欲雨，水澹澹兮生烟。”

素三彩海水蟾纹三足洗

明

听琴图

北宋

赵佶

的读音与字形就同“渌”有关联了，因为“绿”最初也读 lù。

绿色是春天的意象和生命的象征，因此，古往今来吟诵春天与生命的诗文中往往都有绿色的影子，例如王安石那首著名的《泊船瓜洲》：“春风又绿江南岸，明月何时照我还。”诗句中的“绿”字堪称点睛、神来之笔，自诗作问世就广受文人们的推崇与褒扬。南宋文学家洪迈在其所著《容斋续笔》中曾说：“吴中士人家藏其草，初云‘又到江南岸’，圈去‘到’字，注曰‘不好’，改为‘过’。复圈去而改为‘入’。旋改为‘满’。凡如是十许字，始定为‘绿’。”

可见，为求得一个适宜、传神的字词，诗人在草稿中反复推敲、斟酌了十多个字，最终才灵光乍现地吟出一个绝妙的“绿”字。这种字斟句酌、精益求精的劲头，也正是传统经典堪称字字珠玑，而且能

调琴啜茗图（局部）
唐
周昉

仿古图册 惠崇诗意图

清

王翚

够长盛不衰的源泉。

不过，“绿”字虽妙，而且的确是春天的色彩，可是在有些文人笔下，伤春的气息还是包裹不住地涔涔③而出，例如李清照《如梦令》：“试问卷帘人，却道海棠依旧。知否，知否，应是绿肥红瘦。”词人采用同卷帘人问答的形式，看似不着痕迹地流露出自己对暮春的伤感，因此才有用“绿肥红瘦”纠正“海棠依旧”的词句。

清代文人黄苏对此作品亦赞赏有加，他在《蓼④园词选》中曾说：“一问极有情，答以‘依旧’，答得极淡，跌出‘知否’二句来。而‘绿肥红瘦’无限凄婉，却又妙在含蓄。短幅中藏无数曲折，自是圣于词者。”

李清照小像
清
姜壎

③ 这个字读 cén，本来意思是连续下雨，积水成涝。“涔涔”有多种意思，其中有一种意思是形容汗水、泪水等液体不断流出或渗出的样子。

④ 这是个多音字，读 liǎo 的时候，指一种生长在水中或水边的多年生草本植物；读 lù 的时候，表示植物高大。“蓼园”是黄苏的表字。

再行一步

伤春的凄婉自是起于人的内心，像李清照这样容貌、才情俱超凡脱俗的女子，偏偏突逢变故，半生坎坷，所以其内心世界必然会风云变幻、潮起潮落。中年的流离、丧夫，晚景的凄凉，均映衬着少年时生活的优渥[⑤]与平静，因此，女词人的伤情愁绪自然会在词作中流露点点滴滴。

相对而言，有些不让须眉的巾帼豪杰，她们的内心也会起伏跌宕、波澜壮阔，彰显出浓浓的男儿情怀。她们中的一些人甚至是啸聚山林的绿林英豪，例如两宋接续时期的杨妙真，明朝初年的唐赛儿，还有《水浒传》人物扈三娘等。

"绿林"最初是湖北境内一座山的名称。王莽所建新朝末年，南方出现大面积严重饥荒，大量民众进入山林沼泽掘地寻找食物充饥，因此时有纷争。在这种情况下，新市人王匡、王凤就被一干人等推举为首领主持公道，于是他们率众聚集于绿林山。后来，王莽治下官兵曾发兵征讨这支民间力量，结果反被击溃，绿林军势力更加壮大。再往后，这支民间武装又听命

⑤ 这个字读 wò，意思是沾湿，浸润。后来由"湿润"含义又引申出"厚、重"等意思。"优渥"的意思是"优厚、优裕"等。

四红图
清
倪田

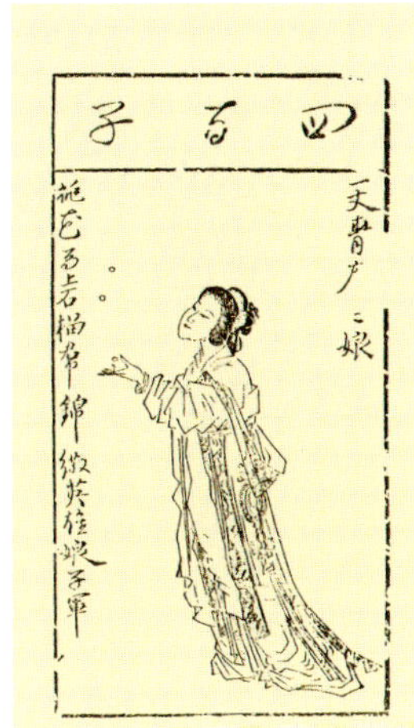

水浒叶子 扈三娘
明
陈洪绶

于东汉光武帝刘秀的族兄刘玄，共讨王莽。当刘玄被众人拥立为帝，改元“更始”之后，王匡被封定国上公，王凤被封成国上公，后来又分别晋封比阳王和宜城王。只是最后，刘玄与王氏二公还是分道扬镳了。

由于这一段历史，所以“绿林”后来就指一切聚集山林反抗官府或抢劫财物的集团。只是在这里，虽然“绿”的意思没有变化，但是读音却要改作 lù。另外还有比较常用的“绿营”“鸭绿江”等，其中的“绿”都是这种读音。

扫描收听有声版

青

qīng

青

“青”的金文字形是，上面是“生”，下面是“丹”。《说文解字》对“青”的解释是：“东方色也。木生火，从生丹。”许慎他老人家这个让人一头雾水的解释实在是给后世留下了不少麻烦。

关键在于什么是所谓的“东方色”。如果按照五行东方属木，还有《说文解字注》“草色也。引申为凡青黑色之称”这种对“苍”字的解释，“青”应当是绿色。因为草木的基本色调肯定是绿色，而所谓的“草色青黑”大致也可以理解成“深绿”“墨绿”等。但是，考虑到古代还有“青出于蓝而胜于蓝”的说法，似乎“青”又应该解读成“深蓝色”，因为深蓝色现在也可以称作“藏青色”。

小篆

隶书

楷书

行书

石青色缎绣平金云鹤纹袷大坎肩
清

西园雅集图（局部）
明
仇英

而“绿”与“深蓝”在人们的视觉感受中，好像怎么都不会被看成同一种颜色。

青釉莲花尊
北朝

这种现象说明：第一，我们对古代文献的解读仍然有需要进一步完善的空间；第二，古代某些字词的意思发展演变到现代汉语，已经跟原始意义产生了一定的距离；第三，一些字词在具体语境中所表达的意思有时会有一定差别。例如李白《将[1]进酒》中“君不见，高堂明镜悲白发，朝如青丝暮成雪”；纪晓岚《阅微草堂笔记》中“二三月间，田苗已长，商家以钱给农户，俟[2]熟收粮，谓之买青”的说法，这两处“青”的意思怎么都不可能指的是同一种颜色。

综合考虑“青”在古代文献中的各种使用情况，把它解读成接近绿色或许比较适宜。因为许慎的解释实际上含有解读“青”的字形结构的意味。所谓“木生火，从生丹”，意思指的是五行属“木”

① 这个字在这里读 qiāng，意思是“愿、请”等。

② 这个字读 sì，意思是“等待”。但是在复姓“万俟”里，它要读成 qí，而且其中的“万”也要读成 mò。

东庄图册（局部）
明
沈周

汝窑莲花式温碗
北宋

的东方，按照金木水火土相生相克原理，生的是南方的“火”，而“火”的颜色则可以看成红色的“丹”，所以表示东方草木之色的“青”就由“生”和“丹”构成。那么，草木之色显然更适合解读成深浅不一的绿色。

而且，唐代诗人张志和的《渔歌子》：“青箬[③]笠，绿蓑衣，斜风细雨不须归”，描写的明显是头顶依然泛着竹绿的斗笠、身披绿草蓑衣的钓者，在早春细雨中流连的意趣。而杜甫的《闻官军收河南河北》：“白日放歌须纵酒，青春作伴好还乡”，表达的则又是欣闻喜讯，于是在绿色的春天喜奔故里，一路且行且饮且欢歌的欣喜。

③ 这个字读 ruò，指的是一种称作“箬竹”的竹子和这种竹子的叶子。这种竹子叶片宽大，常被用来编制器物和斗笠等。

再行一步

春天的绿色令人留恋、神往，而后来引申为大好年华的“青春”更是让人振奋、欣羡。这就是生命的绿色带给我们的喜悦与向往。

天地万物，其实无论哪一种生命体都有自己绿色的“青春”。当然，在我们周围还存在着一生绿意的常绿草木，例如宋代词人赵彦端《看花回》：“槛[④]外青青翠竹。镇高节凌云，清阴常足。”词人笔下的翠竹确实是四时常青的绿色植物，它不仅装点我们的生活环境，而且还是缵[⑤]续中华历史和中华文明的使者，例如刘勰《文心雕龙》：“古史世本，编以简策。”

竹简，这是书写和见证中华民族历史与文化的瑰宝，因此，文天祥那句掷地有声的“人生自古谁无死，留取丹心照汗青”才成为嵌入我们骨髓的一种民族精神。“汗青”在这里指的就是“史册”。

而“汗青”之所以能够表示“史册”这样的意思，原因是当中华文明发展到在竹简上记事、写文的阶段，采来的青色竹

④ 这是个多音字，在这里读 jiàn，意思是“栏杆”。当它表示“门槛”的意思时，读 kǎn。

⑤ 这个字读 zuǎn，意思是“继承、继续”等。

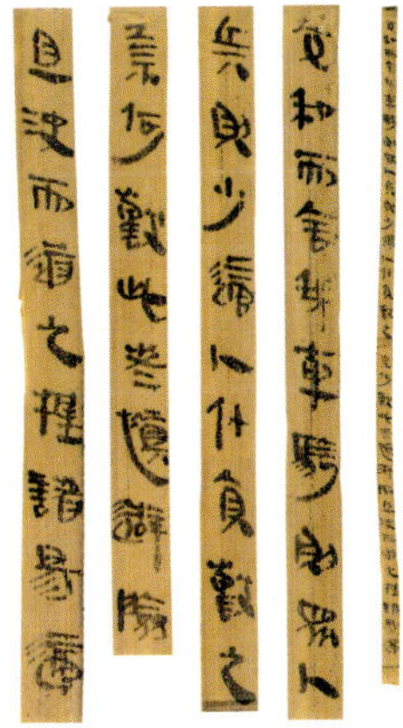

银雀山汉墓竹简
西汉

子必须先经过火烤，待简片被烘烤至像人出汗一样挥发出大量内部含有的水分之后，才容易刻写且不受虫蛀，用为完成著作的意思。后来也可以指著作本身，再往后，则又发展出“史书、史册”等意思。

另外，完成书稿还有一种说法叫“杀青”，它的意思同“汗青”基本相同，例如武则天次子李贤对《后汉书·吴佑传》的注释：“杀青者，以火炙简令汗，取其青易书，复不蠹[6]，谓之杀青，亦谓汗简。”

不过在制茶行业，“杀青”指的却是加工绿茶的第一道工序，主要是通过高温减少嫩叶水分、保持茶叶色泽并避免发酵。

⑥ 这个字读 dù，指的是蛀蚀器物的虫子，也指虫蛀。

扫描收听有声版

蓝

lán

藍

“蓝”上面的“艹”表示这个字的意思与草木有关，下面的“监”表示它的读音；上下合在一起表示一种称作“蓼①蓝”的一年生草本植物。例如《诗经·小雅·采绿》：“终朝采蓝，不盈一襜②。”

“蓼蓝”这种植物由于富含蓝、绿色素，晒干后可以加工成染料，因此“蓝”后来就有了表示颜色的意思。例如《说文解字》对它的解释就是：“染青草也”；而宋代郑樵所著《通志》则说：“蓝三种：蓼蓝染绿，大蓝如芥染碧，槐蓝如槐染青。三蓝皆可作淀，色成胜母，故曰青出于蓝而青于蓝。”

《通志》这段话，澄清了好几个问题：第一，“蓝”不止一种，后来所说的“蓼

小篆

隶书

楷书

行书

① 这是个多音字，读 liǎo 的时候，指一种生长在水中或水边的多年生草本植物；读 lù 的时候，表示植物高大。

② 这个字读 chān，指的是围裙一类衣物。

蓼龟图
南宋
佚名

藍

蓝”只是其中的一种；第二，不同的“蓝”所含的色素深浅不一；第三，“青出于蓝”的“蓝”最初指的是可以加工成染料的母体——植物，而不是指颜色。

联想到表示颜色的“青”字，或许我们可以确定，如果存在着一条连续的渐变色带，那么，“青”和“蓝”所表示的两种颜色，基本上都对应于一个颜色段，而不仅仅是一个颜色点。按照现代科学，蓝色在电磁波可见光谱中，波长约为440纳米至475纳米；而青色的波长则大约是480纳米至510纳米。这恰好印证了古人对它们的解释，而且可以看出它们具有紧密的近邻关系。

“蓝”自从有了表示颜色的意义之后，逐渐也产生出许多唯美的词语，例如“碧蓝”“蔚蓝”“湛蓝”等。与这些词语有关的则是浩瀚的海洋、如洗的天空，例如杜甫《冬到金华山观[③]，因得故拾遗

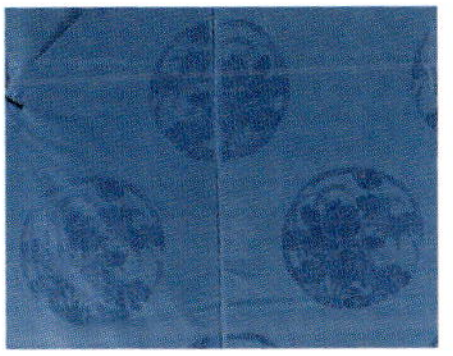

月白色团荷花暗花绸女衬衣
清

③ 这是个多音字，读guān的时候，表示“看、景象、看法”等意思；读guàn的时候，指的是道教的庙宇。在这里是后一种读音与意思。

蓝釉白龙纹梅瓶
元

瓷胎画珐琅蓝料山水碗
清

陈公学堂遗迹》：“上有蔚蓝天，垂光抱琼台。”还有1998年7月6日《人民日报》刊发的新华社记者李石元等《驻防香港一年间》：“站在昂船洲海军基地远望维多利亚湾对面繁华的香港市区，海水湛蓝，如诗如画。”回归祖国，香港未来的发展蓝图必将描绘得更加光彩夺目。

而“蓝图”一说，的确与蓝色相关。

蓝图，又称蓝图纸、晒图纸等，我国港澳地区也称“蓝纸”。它最初指的是用感光后变成蓝色或其他颜色的感光纸制成的图纸，例如孙犁《书的梦》：“市民要修房建房，必须请这里的技术员，去丈量地基绘制蓝图。”后来，由这种“绘图规划”含义，“蓝图”又发展出表示“建设的规划或计划”等意思。

再行一步

但是，也有些词语字面上包含“蓝”的说法，实际上却与蓝色没有任何关系。

20 世纪 40 年代由美国米高梅电影公司出品的影片《魂断蓝桥》曾令多少人怦然心动、魂牵梦萦，情至深处泪如雨下、伤心不能自已。其中的主题曲《友谊地久天长》又在多少舞会的终场时缓缓响起，伴着翩然起舞的对对身影绕梁三日，经久不息。

然而，“蓝桥”以及“魂断蓝桥”却是地地道道的“中国造”。

蓝桥，最初指的是陕西蓝田县东南兰峪水上的一座石板桥，是由县名而得名。而蓝田县则又是由于蓝田玉而得名，例如古代文献中有这样的说法：“玉之美者曰球，其次为蓝，盖以县出美玉，故名蓝田。”

蓝田美玉名满天下，历代文人吟颂它的诗文不胜枚举，例如唐代诗人李商隐《锦瑟》:“沧海月明珠有泪，蓝田日暖玉生烟。”

可叹的是，蓝田美玉虽然旷世绝伦，但是“蓝桥”却是伤心之地。据《庄子·杂篇·盗跖[4]》记载："尾生与女子期于梁下，女子不来，水至不去，抱梁柱而死。"这位战国年间名叫尾生的痴情又稍嫌愚钝的男子，由于相约的女子不知何种原因失约，抱桥柱痴等而浑然不觉上涨的河水没顶，最终怀抱桥柱，或许也怀揣美好的期盼沉入水中。

这则凄美的故事就发生在蓝田县的蓝桥，因此"魂断蓝桥"就成为相约的男女由于一方失约而另一方殉情的代名词。

另外，后世文人也多以此为题材，或称颂尾生的信义，如李白《长干[5]行》中"常存抱柱信，岂上望夫台"；或者慨叹世事的无常，例如苏轼《南歌子》中"蓝桥何处觅云英？只有多情流水、伴人行"。

苏东坡词中提到的"云英"，则又引出了另一个结局还算圆满的爱情故事。故事的大意是唐朝年间一位名叫裴航的秀才，因为受到梦境启示，于是赴蓝桥寻访佳人，恰逢一位名叫云英的女子，心仪之下，裴秀才历经考验，终于心想事成，抱得美人归。

④ 这个字读 zhí，指的是"脚面上接近脚趾的部分"或"脚掌"。盗跖据传是春秋战国之际鲁国人，其兄乃是"坐怀不乱"的柳下惠。

⑤ 在这里读 cháng gān，原本是古代南京的一个地名。后来南朝乐府诗中有一种称为"长干曲"的杂曲古辞旧题。唐朝时许多诗人，如李白、崔颢、李益等，承继这种诗体，以"长干行"为题创作了不少诗作。

扫描收听有声版

紫

zǐ

紫

"紫"上面的"此"表示字的读音，下面的"糸"表示它的意思与丝有关；上下合在一起表示丝织物蓝色与红色混合而成的颜色。

《说文解字》对"紫"的解释是："帛青赤色。"《说文解字注》则进一步解释说："青当作黑。"看起来，"紫色"就是红色同蓝、黑一类颜色混合后再往深往暗变化的颜色。

按照现代科学，紫色在电磁波可见光谱中，波长约为 380 纳米至 420 纳米，明显是波长为 610 纳米至 760 纳米的红色和波长是 450 纳米至 485 纳米的蓝色融合之后，在色度特别是亮度上变深变暗的一种颜色。

小篆

隶书

楷书

行书

紫色缎绣云龙纹龙袍
清

晋文公复国图（局部）
南宋
李唐

紫色虽然比不上红色鲜亮、耀眼，但是它更加沉稳、内敛，属于一种默默彰显低调的高贵与奢华的色彩。因此，古今中外，它都曾经是与皇家相关的一种颜色。例如南朝梁沈约的《齐故安陆昭王碑文》中“陪龙驾于伊洛[1]，侍紫盖于咸阳”，其中“紫盖”指的就是一种用作皇家仪仗的紫色车盖，后来也专门表示帝王的乘辇。

① 伊、洛本为河南境内两条河流的名称，后来也指这两条河流经的洛阳。在这里指的是洛阳。

在古罗马，紫色是供贵族专享的一种衣物色彩；在古希腊，则只有城邦祭司才可以穿着紫色长袍。

紫

另外，紫色也是基督教推崇的神圣色彩，代表至高无上和来自圣灵的力量，教堂的窗帘、圣器等往往都用紫色。还有人认为耶稣被钉在十字架上的时候，穿的就是紫色衣装。因而，复活节、降临节一般都会使用大量的紫色装饰，如桌布、蜡烛等等多为紫色。

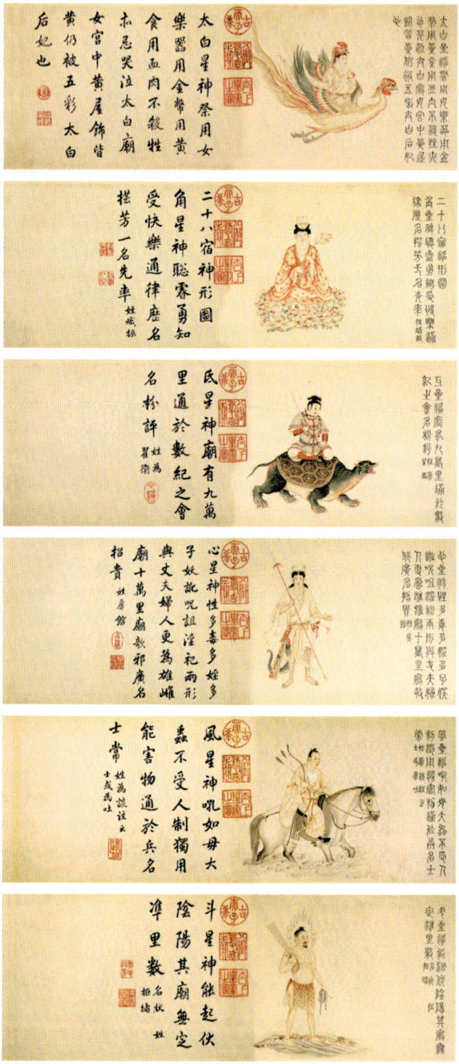

五星二十八宿（局部）
清
丁观鹏

刺绣罗夹衫
元

紫

紫色也是爱情的象征，比如薰衣草，那一望无际的紫色和淡淡的花香既代表着对爱情的期待，也表露出像英国民谣所唱的那样“爱你一生、此情不渝”的誓言。而且就连爱情中的绝对主角——玫瑰花，它的花色其实绝大多数也都是紫红色。

当然，在中国传统文化中，紫色也有受到贬抑的一面，其根源是紫色并非“正色”，而是“间色”，即混合色。例如刘熙《释名》：“紫，疵也，非正色。五色之疵瑕，以惑人者也”，大致意思就是紫色并无正统地位。因此，孔夫子也曾对紫色颇有微词，例如《论语·阳货》：“恶[②]紫之夺朱也，恶郑声之乱雅乐也，恶利口之覆邦家者。”他老人家把紫色与有悖正统的郑国乐音和损害邦国利益的胡言乱语完全并列在一起了，厌恶之情溢于言表。

② 这是个多音字，读 è 的时候，表示“极坏的行为或事情”以及“凶狠、凶猛”等意思；读 ě 的时候，用于“恶心”；读 wū 的时候，是文言文的一种语气词或表示疑问的代词；读 wù 的时候，表示“讨厌、憎恨”等。在这里是最后一种读音与意思。

再行一步

但是，紫色虽非“正色”，然而就像前面所述，它在古代是与帝王、皇权联系在一起的，例如闻名全球的皇家建筑群——北京故宫，它还有一个名称就是“紫禁城”。

“紫禁城”的来历则同中国古代天文学有着密切的关系。

我国古代天文学把璀璨的星空大致划分成“三垣[③]二十八宿[④]”。其中“三垣”指的是“紫微垣”“太微垣”和“天市垣”。

“紫微垣”位于北天中央，所以又称“中宫”，也称“紫微宫”。按照《宋史·天文志》：“紫微垣东蕃八星，西蕃七星，在北斗北，左右环列，翊[⑤]卫之象也”，意思是“紫微垣”在北斗七星的北边，呈左右拱卫北斗的环列状。再参照古代其他文献，“紫微垣”的十五颗星是左八、右七分列北斗两旁，像城墙一样护卫着北斗星。而且，古人认为“紫微垣”是天帝之座，所以“紫微宫”也就是天帝的宫禁。

按照这样的观念对照人间，贵为“天子”的人世君主，他们所占据的皇宫自然也就与“紫微宫”有了关联。因此，“紫宫”“紫

③ 这个字读yuán，意思是“墙”或者“城”，例如“断壁残垣”。此处指星位。

④ 这是个多音字，读sù的时候，表示“过夜”或“旧有的、年老的”等意思；读xiǔ的时候，是一种计算夜的量词；读xiù的时候，指的是我国古代天文学把某些星归并成的集体。

⑤ 这个字读yì，意思是“辅佐、帮助”等，例如“翊赞”。

故宫
（林京 摄）

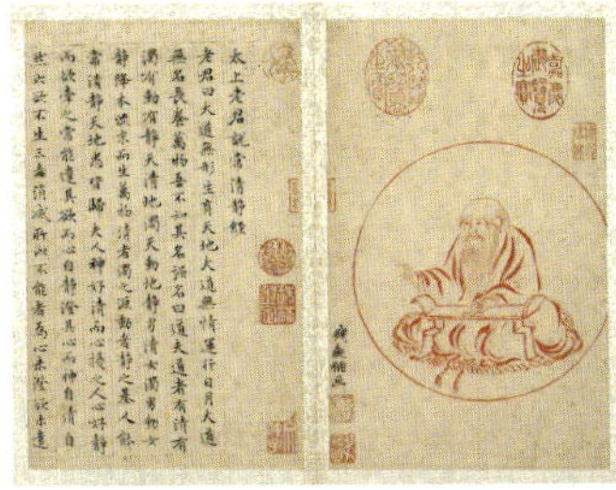

书太上常清静经册
明
文徵明

庭”等就有了表示帝王宫廷和宫禁的含义，例如白居易《骠国乐》中“德宗立仗御紫庭，黈纩[6]不塞为尔听”；还有明代何景明《苜游篇》中“三千艳女罗紫宫，倾城一笑扬双蛾”。所以，后来“紫禁城”也就用作了皇家宫禁的名称。

另外，紫色与中国本土的道家与道教也渊源颇深，例如《太平御览》等多部经典所引道家典籍《秘要经》：“太清九宫，皆有僚属，其最高者，称太皇、紫皇、玉皇。”再如唐代诗人卢照邻《羁卧山中》中“紫书常日阅，丹药几年成”，其中“紫书”指的就是道教经书。

现在我们还经常见到的“紫气东来”，其源头就是道家认为其始祖老子头顶有紫气萦绕，所以代表祥瑞之气。因此，“紫气东来”也就是表示祥瑞的征兆了。

⑥ 这两个字读 tǒu kuàng，指的是一种黄绵制成的小球，加在冕的两旁，表示堵塞耳朵，从而不听违背信义、搬弄是非的言辞。

扫描收听有声版

黑

hēi

小篆

隶书

楷书

行书

“黑”的金文字形是，上面是“烟囱”的“囱”，下面表示烟道和烟道中的灰烬；上下合在一起表示烟火熏过的色泽。《说文解字》对“黑”的解释也是：“火所熏之色也。”

按照现代科学，“黑”其实并不是一个颜色概念，而是一种亮度概念。它的含义有两个方面：

一是没有一丝光亮，也就是“伸手不见五指”的状态，比如“黑暗”“起早贪黑”等。还有唐代孙樵《祭梓潼神君文》：“冻雨如泣，滑不可陟①，满眼漆黑，索途不得。”

二是光线被全部吸收，没有一点反射，类似于光线进入人的瞳孔。例如我

① 这个字读 zhì，意思是“登高”，例如《诗经·卷耳》：“陟彼高冈。”

郊原牧马图（局部）
清
郎世宁

猪纹黑陶钵
河姆渡文化

国新疆伊犁地区就流传着一首动人的维吾尔族民歌《黑黑的眼睛》。当代文学家王蒙对这首歌的评价是："那是一首万分依恋的歌。那是一种永远思念、却又永远得不到回答的爱情，那是一种遥远的、阻隔万千的呼唤，既凄然又温暖。"

从我国古代对"黑"的诠释以及有关文献用例看，实际上我们祖先也完全是现代科学观念的践行者。例如刘熙《释名》对"黑"的解释就是"晦也。如晦冥[2]时色也"，"晦"显然是"昏暗、黑暗"的意思，也就是现代科学解释的第一种含义。

另外，如《战国策·秦一·苏秦始将连横》中"形容枯槁，面目黧[3]黑，状有愧色"，其中"黧黑"指的就是由于日光一类紫外线照射等多种原因，导致人的皮肤黑色素增多，故此反射光线能力变弱，因而肤色变暗。这种情况正好

② 这个字读 míng，最初意思是"幽暗、昏暗"，后来也引申为"深奥、愚钝"，如"冥思苦想、冥顽"等。按照古代文献，这个字在古代也写作"暝"，两个字存在着通用现象。但是现在，"暝"主要用来表示"黄昏、天黑"。

③ 这个字读 lí，表示黑中带黄的颜色。

历代帝王图（局部）
唐
阎立本

玄武纹瓦当
西汉

是“黑”在现代科学意义上的第二种含义。

另外，从阴阳五行与方位、神兽以及颜色的对应关系看，北方属水，神兽为“玄武”，颜色对应“黑色”。“玄”的最初意思是“幽远、昏暗”，而水的颜色则跟深度相关，水越深颜色也越深，其实意味着吸收的光线也就越多，反射的光线则变少。从以上分析其实不难看出，这种观念与现代科学观念也存在着异曲同工之妙。

黑

吉州窑黑釉木叶纹碗
南宋

再行一步

古人对“黑”的诠释，其实除了“五行”“四方”的“水”和“玄武”，其他方面也颇多。比如在动物名称方面，纯黑色的马叫“骊”，如《汉书·匈奴传》：“匈奴骑，其西方尽白，东方尽駹[④]，北方尽骊，南方尽骍[⑤]马。”其他如黑色的牛或者鸟等等，一般也有专门的字词。

不过到了现代社会，古代真正的“黑马”却在表示黑色马匹意义之外又发展出了其他意思。在赛马比赛中，实力、潜力都不甚清晰，很难预测是否具有夺冠前景，但是最终却夺得了锦标的马匹就被称为“黑马”。这里的“黑”其实就是“不明朗”。后来，“黑马”就有了表示一切“潜力不明、但极有可能取得出人意料成绩的人物”这样的意思。

另外，在跟衣服、织物有关的语词方面，古代也有些涉及黑色的说法，例如“缁[⑥]”指的就是丝织物黑色，如《礼记·玉藻》：“始冠，缁布冠”；而“皂”则表示一般的黑色，如“青红皂白”等；“黼黻[⑦]”指的则是黑白相间、黑青相间的花纹，合在一起表示衣服上绣出或者绘出的花纹，也比喻文章，例如《红

④ 这个字读 máng，指的是“杂色马”或“青色马”等。现在已经极其罕用了。

⑤ 这个字读 xīng，指的是“赤色马”或“赤黄色马”。

⑥ 这个字读 zī。

⑦ 这两个字读 fǔ fú。

楼梦》："座上珠玑昭日月，堂前黼黻焕烟霞。"

一般说来，黑色庄重肃穆，同时也意味着黑暗，因此它是一种比较让人纠结的颜色。

盛大的交响音乐会，从指挥到演奏者几乎是一水儿的黑色礼服，甚至听众席上也会"黑压压"的一片，如果碰巧乐队中有钢琴的位置，那漆黑锃亮的琴身瞬间就会吸引每一位听众的视线。

但与此同时，令人心酸的葬礼也总是有沉重的黑色相伴。此外，还有令西方世界谈虎色变的"黑色星期五"。只要任何一个月 13 号又恰逢是星期五，这一天就被称作"黑色星期五"，其中"黑色"意味着 13 号。这种也许来自宗教的观念已经根深蒂固，以致西方国家的许多建筑物中都没有"13"层，门牌号码也要跳过这个数字。

另一方面，西方一些国家也存在着 no brown in town 这样的传统。其大致意思是只有黑色制服和皮鞋是职场或正式社交场合的不二选择，而棕色、咖啡色等颜色的制服与皮鞋则绝不可以登大雅之堂，只能充当休闲时的穿着。不过，这种传统目前也已经表现出被"任性"的时装界所冲击的苗头，或许再过若干年，黑色在正式场合一家独秀的局面也将会有所改观。

扫描收听有声版

白

bái

“白”的甲骨文字形是。目前对这一字形的解读主要有两种意见：一种意见认为是烛光，另一种意见认为是日光。

不论是灯烛之光还是太阳之光，总之，古人认为“白”最初就是明亮之意，例如唐代李贺《致酒行》：“雄鸡一声天下白。”这种看法与目前的科学观念完全一致。因为，“白”的确也像“黑”一样，表示的是一种亮度概念，而不是色度概念。

但是，就如同“黑”表示物体完全吸收光线一样，“白”表示的是物体完全反射光线，于是形成了类似雪花、白云给人的视觉感受。

这种情况从包含“白”这个字形的

小篆

隶书

楷书

行书

汉宫秋月图

清

袁耀

汉字里面也可以看得比较清楚，例如《诗经·小雅·采芑[①]》中“服其命服，朱芾[②]斯皇”，意思是身着朝廷的制服，红色皮制蔽膝鲜艳亮堂。其中“皇”的金文字形是皇，可以让人明显感受到光芒四射的明亮寓意。其他如《诗经·陈风·月出》：“月出皎兮”，其中“皎”描绘的无疑是熠熠的月光了。

再如西汉刘歆[③]《遂初赋》：“漂积雪之皑皑兮，涉凝露之降霜”，文句中的“皑皑”仿佛已经让我们看到了白茫茫的雪原。另外，如杜甫《送李校书二十六韵》：“人间好妙年，不必须白皙”，其中“皙”指的则是皮肤白净。

相信绝大多数中国人都喜欢比较白净的皮肤，可是对花白头发的接受程度那就很难讲了，否则令人眼花缭乱的增白乳液、染发剂也就不会如此大行其道了。当然，“鹤发童颜”那是另一个层

白绢地绣孔雀漆柄团扇
清

① 这个字读 qǐ，此处是野菜名。

② 这个字在这里读 fú，意思通“韨”，指的是古代一种戴在衣服外面的皮制蔽膝。

③ 这个字读 xīn，最初指的是神灵享受祭品的香气，后来发展出“羡慕”等意思。

十万图册 万峰飞雪
清
任熊

面的问题。那种美是岁月积淀的美，是彰显人生阅历、传达桑榆夙志的美。

然而，阅读文献时如果遇到“白首如新”“白头如新”，则万万不可仅从字面去推测它的意思，因为这种说法的真正含义是满头银丝的故旧，彼此之间还像新结识的人一样了解不多，实际上意味着并不是交心的朋友。与此相对，“倾盖如故”说的却是偶然路遇的人，把车马并在一处倾谈，结果话语投机、性格投契，就像神交已久、多年未见的故交一样。所谓的一见如故、一见钟情也不过就是如此吧。

历代帝王图 陈文帝
唐
阎立本

再行一步

朋友相交，除了品性、趣味相合，书信往还、把盏言欢等等也都不可或缺，更不用说当今社会层出不穷的交往方式了。

言语交流中，朋友之间讲究的是坦诚相见，真心告白。那么，这里所说的“白”与“白色”的“白”有什么关系吗？

按照《说文解字》的说法，由于当时所依据的只有小篆字形，所以许慎认为“白”有两个：

一个是由“入”和“二”构成，“入”具有进入某处避开阳光的意味，因此含有“阴”的寓意；“二”则是一个所谓的“阴数”。所以，“白”就表示“白事”（即丧事）所用的颜色。

另一个“白”则是“自”的缺省，“自”原本指鼻子，省作“白”意味着从鼻腔呼出了气息，并且与口中呼出的气息互相配合。这就暗含着言语、说话等意思了，也就是“表白、告白”意义上的“白”了。

许慎还表示，这两个“白”的读音也不一样，表示白色的“白”读若“博”；而表示表白的“白”则读若“自”。

白

晓雪山行图（局部）
南宋
马远

许慎的考释功力无疑是高山仰止，而他在一些汉字上的推论功夫也体现出极高的天赋和智慧。

但实际上，如果根据甲骨文字形，“白”既然最初具有明亮的意思，那它也就意味着光亮之下一切都会显著和明了。而言语表达的目的与作用，恰恰就是说明事情、表明态度、表露心迹等等。因此，所谓“表白、道白、告白、坦白、直白”等等，完全可以解读成通过言语让某些东西显露出来的意思。

扫描收听有声版

红

hóng

紅

“红”这个字左边的绞丝旁“纟”表示字的意思与丝有关，右边的“工”表示整个字的读音，左右合在一起最初指的是丝织物粉红色或桃红色。《说文解字》对“红”的解释是：“帛赤白色。”“赤”是大红、正红，“白”表示亮度增加，色度变浅。

小篆

隶书

楷书

行书

“红”最早的这种意思与现在我们对它的理解显然存在着差异。因为在我们的观念里，“红”是三原色之一，指的是像鲜血或红旗一样的颜色。然而在古代，表示标准色度的“红”用的是“赤”以及后来的“朱”，而“红”只是一种混合色。

明神宗像

例如《说文解字注》引西晋杜预《春

红

红地白龙海水纹盖罐
清

簪花仕女图（局部）
唐
周昉

秋释例》：“金畏于火。以白入于赤。故南方间色红也。”这几句话的大致意思是：按照阴阳五行与四方及颜色的对应关系，西方属“金”，颜色对应“白”；而南方属“火”，颜色对应“赤”；由于“火”克“金”，所以“金”进入“火”，也就意味着白色融入赤色，从而形成了一种“间色”，也就是混合色——红。

在古人观念里，所谓“正色”是东方青、南方赤、西方白、北方黑和中央黄。其他种种均为“间色”，意思是“间[1]于正色”之间的混合色。当然后来“红”也逐渐可以指各种红色了，例如白居易《忆江南》：“日出江花红胜火，春来江水绿如蓝。”

[1] 这是个多音字，读 jiān 的时候，表示“方位”或“计算房屋的数量”等；读 jiàn 的时候，表示“空隙、隔开、离间”等意思。在这里是后一种读音与意思。

不过，红色虽为间色，但是从这个字的结构中，我们可以充分感受到我国古代灿烂辉煌的丝绸文化。因为这个表示颜色的字包含着表示丝帛的绞丝旁

捣练图（局部）
唐
张萱

纺车图（局部）
北宋
王居正

“纟”，可见在那个遥远的年代，我们的祖先已经掌握了把丝织物染成粉红色或者桃红色的工艺。而且事实还不止如此，因为我们从成书于东汉的《说文解字》中，可以查找到包含绞丝旁“纟”，同时又表示颜色的汉字超过五十个。当然，在《说文解字》中，这些字都归入“糸[②]”部。

由此可见，举世闻名、横跨欧亚大陆的古代“丝绸之路”，一方面表明我国古代丝织物纺织工艺已经达到了很高水准；另一方面也表明当时的丝织物染色工艺也已经达到了相当高的水平。再加上商品贸易的不断发展，才奠定了现在我们正在推进的“一带一路”的基础。

② 这个字读 mi，指的是丝。

大红色缎绣花卉彩帨
清

再行一步

养蚕纺丝，这是中国古代物质文明高度发展的一个表征。由于包括丝帛在内的手工产品的不断增多与发展，因此才带动了古代商品经济的形成与发展。例如《诗经》里面，就有描写丝帛贸易的内容，像脍炙人口的《卫风 · 氓③》："氓之蚩蚩④，抱布贸丝。匪⑤来贸丝，来即我谋。"

一个相貌憨厚的外乡小伙儿，手中抱着布帛，跑到这里来打算换些蚕丝。可他似乎是打着交换物品的旗号，却围着一位姑娘找话、搭讪⑥，显然有些醉翁之意不在酒。

可见，以貌取人有时候是不靠谱的，外表看似憨厚的"老实人"，实际上心里的"小九九"很可能打得非常精。而且就是这样的憨小伙儿，在诗里也正是最终冷落、抛弃红颜渐老的结发妻子的负心汉。

看来自古红颜多薄命也诚非虚言。因为在古人观念里，桃花之艳冠绝群芳，因此才有《诗经》里的"桃之夭夭，灼灼其华"。但是，桃花灿烂的一生却也十分短暂，所以古人才认为

③ 这个字除了读 máng，还读 méng，在古代指的是外来的百姓。在这里就是后一种读音与意思。

④ 这个字要注意中间是两个竖笔，不是从上到下贯通的一笔。

⑤ 这里表示否定的意思，大致与"非"的意思接近，例如"匪夷所思"等。

⑥ 这个字读 shàn，表示"讪讽"或者"难为情的样子"。

明艳的桃花是至媚之物，却也是最脆弱的美艳，因此就出现了“桃花薄命”一说。

而面若桃花的妙龄女子，其娇媚如桃花，其命运自然也同桃花剪不断、扯不清，所以“红颜易老”“红颜薄命”似乎就成了某种冥冥之中的定数。

当然，站在当今时代，品读古人的这些说法，我们应当更多地审视古代文化的某些特点，而不是一股脑儿地接受其所有的观念与认知。因为就算在古代，“女红[7]”也是可以独撑半边天的超凡技艺与能力。

“女红”包括纺丝、织布以及染色等等手工劳动，大体上相当于后来最宽泛意义上的“针线活儿”。这是古代女子为人立世的本钱，其实就是她们为社会做贡献、实现人生价值的一种手段。不过随着社会发展，现在上天入地都已经不乏女性的身影，她们一面带着令世人欣赏的美艳，一面在各个行业、各个领域施展身手，巾帼不让须眉，正在为当今社会营造着一道至美、至靓的风景线。

⑦ 这个字在这里要读作 gōng，意思与“工”相同。所以“女红”也写作“女工”，但并不是指人，而是指旧时女子所做的纺织、缝纫、刺绣等工作以及工作成果。

扫描收听有声版

朱

zhū

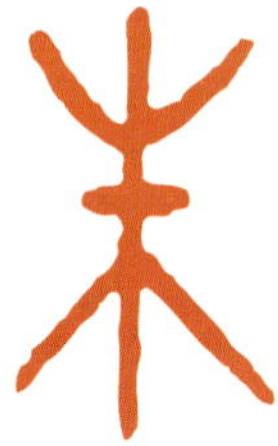

小篆

隶书

楷书

行书

“朱”的甲骨文字形是，主干是“木”，表示树木，中间的一个点是一个指示性符号，表示树木的芯儿是红色。所以整个字最初指的是树干的芯是红色的树木。后来也表示大红、正红这种颜色。

《墨子·明鬼》中有这样几句话：“日中，杜伯乘白马素车，朱衣冠，执朱弓，挟①朱矢。”大致意思是正午时分，杜伯乘坐白马拉着的本色无装饰的马车，穿戴着大红色的衣服和冠冕，携带大红色的弓弩与箭矢。

文中所说的“杜伯”，其实当时已经是魂灵，因为此前三年该人已经无罪而被周宣王处死。行刑的时候杜伯曾说自己蒙冤而死，预言三年后将让周宣王

① 这个字读 xié，意思是“用胳膊夹住”或者“挟制、倚仗、心里怀着”等，例如《后汉书·袁绍刘表列传》：“挟天子而令诸侯。”

卜千秋墓 壁画 朱雀
西汉

西安 朱雀门

为他自己的无道而“买单”。后来果然如其所言，在周宣王兴师动众打猎的时候，杜伯一身“正色”款款而来，并成功用手中弓箭送周宣王走上了“黄泉”之路。

可见，在墨子眼中，代表正义的杜伯，其阴间衣着与兵器仿佛也都是正义、正统的化身，所以才会是大红这种“正色”。

“朱”表示正红，其实是代替了“赤”，所以在五行四方中，与属“火”的南方所对应的神兽就称为“朱雀”，意思正是“大红色的鸟”。

朱雀既然负载着南方的寓意，所以宫禁或城池的“朱雀门”一定都是南门，比如现在陕西西安市的古城墙还保留着南面的朱雀门。再如大约成书于南北朝时期的大型地理学文献《三辅黄图》：“苍龙、白虎、朱雀、玄武，天之四灵，以正四方，王者制宫阙殿阁取法焉。”

朱雀瓦当
西汉

出警入跸图（局部）
明
佚名

朱

也由于古代阴阳五行以及四方颜色之间的相生相克、配合融合关系，所以按照“木生火，从生丹”这样的说法，“木”与“丹”所表示的红色就具有顺承关联，因此，后来才形成了将建筑物中的门窗、廊柱等木质材料漆成红色的传统，以至杜甫的名篇《自京赴奉先县咏怀五百字》中也有：“朱门酒肉臭，路有冻死骨。”

故宫朱红色门窗

另外，“朱雀”和表示北方的神兽“玄武”合在一起，也表示整齐严明的意思，例如清代著者不详的《小八义》：“队伍整齐甚密严，青龙白虎举旗[2]杆。朱雀玄武列两边，大旗一杆当中现。”“朱雀玄武”这种形容整齐的意思则是来自“朱雀”“玄武”分别代表的南方和北方星宿。

② 原书或作“棋”。

再行一步

“朱雀”指的是天空二十八宿中的南方七宿，它们分别是：井、鬼、柳、星、张、翼、轸[3]。这七宿在空中排列出的形状恰似飞鸟，刚好与“朱雀”之名相合。

而在浩渺的苍穹之下，广袤的南方大地上，也有一处巍峨的山峦与禽鸟相关。这片起伏的群山就是著名的南岳衡山。

衡山在古代也称“霍山”，又称“衡霍山”，例如东汉泰山太守应劭《风俗通义》：“一名霍山，霍者，万物盛长，垂枝布叶，霍然而大。”再如东晋葛洪《枕中书》：“祝融氏为赤帝，治衡霍山。”“祝融”即统辖、治理南方之火神。而“霍”最初的含义是鸟在雨中飞翔，扇动翅膀发出“霍！霍！”的声音。而衡山的形态恰如飞鸟，且南方神兽又为“朱雀”。

清代魏源曾在《衡岳吟》中说：“恒山如行，岱山如坐，华山如立，嵩山如卧，惟有南岳独如飞。”这种说法或许为衡山曾称作“霍山”又做了一个与其他资料互相印证的注脚。

而“衡山”这个名称则与星宿“朱雀”有关。因为该星宿

③ 这个字读 zhěn，基本意思有三种：一是指车架后面的横木，也指车；二是指二十八宿之一、位于南方的轸宿；三是表示悲痛，例如“轸念”等。

中的“轸星”按照古代说法乃是主管生死的星座，特别是其中的“长沙星”具有喻示寿命的作用，例如东汉张衡的《周天大象赋》：“长沙明而献寿。”因此，对应上天主生死的星座，地下的山岳就有主管生命平衡的作用，就像汇集历代多人著述的《南岳总胜集》所说：“上承轸宿。铨[4]德钧物。应度[5]玑衡。故名衡山。”

既然与人的寿命有关联，从古至今，南岳衡山就一直具有“寿山”的美誉，例如李白《与诸公送陈郎将归衡阳》：“衡山苍苍入紫冥，下看南极老人星。”而书法造诣极佳、自创“瘦金体”的北宋第八位帝王赵佶[6]则在衡山留有亲笔御书“寿岳”。

当然，这个“寿”字并没有在延长北宋气数方面帮宋徽宗半点忙，书法造诣也未能掩盖他治国无方，甚至最终被金人掳掠的事实。但是，寿山的说法和传统却成就了“寿比南山”这一长盛不衰的祝寿用语。

至于现在安徽境内的霍山，那是来源于秦汉时的隐士霍龙。他终身不仕，造福乡里，因此他仙去之后，时人感其恩泽，用其姓氏命名了他的隐居之所。

④ 这个字读 quán，意思是“衡量轻重”或“选拔”。例如“铨叙”指的就是旧时政府审查官员资历政绩，以便确定职位、级别等。

⑤ 这是个多音字，读 dù 的时候，表示“计量长短、程度、限度”等；读 duó 的时候，表示“推测、估计”，例如“揣度、度德量力”等。这里是后一种读音与意思。

⑥ 这个字读 jí，意思是“健壮”，也用于“佶屈聱牙”。

扫描收听有声版

丹

dān

"丹"的甲骨文字形是，外面的框架像采矿井，里面的小短横是一个指示性符号，表示矿井里面有丹砂。整个字最初指的就是朱砂，后来也表示朱砂鲜红的颜色。例如《尚书·禹贡》中"砺砥砮[①]丹"，说的就是各有用途的四种石头。

"丹"在我国古代是非常重要的一种颜色，所以封建帝王亦对它青眼有加，例如清代诗人查[②]慎行褒扬明代著名思想家、文学家和军事家王阳明的《王文成纪功碑》中说："首从伐叛叙始末，继举神武归丹宸[③]。"其中"丹宸"最初指的是宫殿，后来也指朝廷。

还有唐代诗人杨巨源《同太常尉迟博士阙下待漏》"沈[④]沈延阁抱丹墀[⑤]，

小篆

隶书

楷书

行书

① 这个字读 nǔ，指的是一种可以制作箭镞的石头。

② 这个字在姓氏中读 zhā。例如当代著名作家金庸，本名查良镛。查慎行是金庸的先祖。

③ 这个字读 chén，意思是"屋宇"。

④ 在这里读 chén，属于古代的一种用法，意思与"沉"相同。

洛神图
明
丁云鹏

丹

松色苔花颢⑥露滋”，其中“丹墀”指的就是宫殿前的红色台阶，也指台阶上的空地。

宫廷殿宇当然是封建君主的专利，但是对于一般官宦和普通民众来说，“丹”的鲜红也同样重要，例如曹植《洛神赋》中“丹唇外朗，皓齿内鲜”，说的是秀朗的唇线丹红明艳，洁白的牙齿如珠似玉。唇齿如斯，怎一个“美”字可以尽意！

而且更重要的是，“丹”的鲜红还不仅仅限于外表，古人心目中的“丹红”还在于内心的忠贞。例如苏轼被贬途中写给其弟苏辙的《过岭寄子由》中的“一片丹心天日下，数行清泪岭云南”，其中的“丹心”指的即是封建时代士大夫对朝廷的愚忠。

随着时代发展、社会进步，现在我们所说的“碧血丹心”已经成为对国家、对民族的忠诚。然而在古代，由于时代

⑤ 这个字读 chí，意思是“台阶上的空地”，也指“台阶”。

⑥ 这个字读 hào，最初指的是头发白，后来也指白色。

屏风漆画列女古贤图
北魏

丹山瀛海图卷
元
王蒙

丹

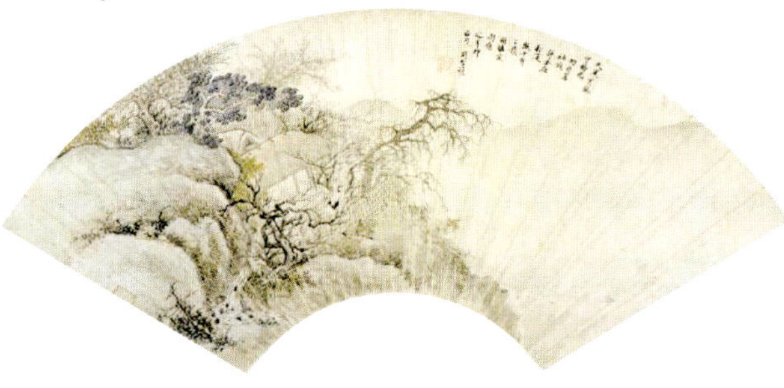

天寒有鹤守梅花图
明
项圣谟

和历史环境所限，对君主忠诚大概是一般民众至高无上的追求。

例如“碧血”，实际上也来自所谓的“忠君”。《庄子·外物》记载：“人主莫不欲其臣之忠，而忠未必信……苌[7]弘死于蜀，藏其血三年而化为碧。”这段话，唐初道士成玄英在《庄子疏》中进一步解释说：“苌弘放归蜀，自恨忠而遭谮[8]，刳[9]肠而死，蜀人感之，以匮盛其血，三年而化为碧玉。”

可见，在传说中，由于蒙冤受屈，原本鲜红的人体血液结果凝结幻化成了碧绿的玉石。

⑦ 这个字读 cháng，是一个姓氏。“苌楚”指的则是古书上说的一种类似猕猴桃的植物。

⑧ 这个字读 zèn，意思是“诬陷、中伤”。

⑨ 这个字读 kū，意思是“剖开、挖空”。

祭红梅瓶
清

再行一步

鲜血凝成碧玉，这自然是民众采用“天有异象”的方式为志士蒙冤而鸣不平，本来就不必深究其是否属于确凿的事实。

但是和玉石同属矿物结晶的丹砂，它本身由于具有“精华”含义，所以与人体确实还存在着一定的关系。例如我们都知道“丹田”指的是人体的几个部位或穴位，但是却很少留意这种说法的来源。“丹田”一说，实际上关系到道家修炼精华的理念，例如17世纪初朝鲜人许浚编著的《东医宝鉴》中引道家经典《仙经》称：“下丹田，藏精之府也。”

在道家看来，下丹田正是修炼“内丹”时的意守之处，也是“丹”成之处。而“内丹”一说则意味着遵循“天人合一”思想，以人体为鼎炉、精气神为药物，通过修炼在体内凝结成“丹”。

不论是修炼“内丹”也好，还是罗致珍奇炼制“丹药”也罢，

玉洞烧丹图卷（局部）
明
仇英

炼丹无疑是道家和道教中非常重要的大事，也是我国传统文化中玄妙而又有趣的史料。然而，其本身却往往被许多人当作长生不死的虚妄追求。

相比这种镜中花、水中月的祈盼，真正名垂青史的，其实都是推动历史进步的贤达。例如文天祥《正气歌》："时穷节乃见[⑩]，一一垂丹青"，诗句中的"丹青"指的就是"史籍、史册"。

"丹青"原本表示两种颜色，大体相当于现在的红和绿，所以最初就表示绘画中用丹砂和青雘[⑪]制成的两种常用颜料，后来也指绘画，例如《汉书·苏武传》："竹帛所载，丹青所画。"再如《晋书·顾恺[⑫]之传》："尤善丹青。"

我国古代有"丹册纪勋，青史纪事"的传统，发展到后来，原本分开表示功劳簿和记事簿的两种文献"丹"和"青"就合而为一，成为史籍和史册的代名词了。

⑩ 这是个多音字，表示"显露在外，能让人看到"这种意思时，读 xiàn，意思与"现"相同。

⑪ 这个字读 huò，指的是红色或青色的可做颜料的矿物。

⑫ 这个字读 kǎi，意思是"快乐、和乐"。

灰

huī

小篆

隶书

楷书

行书

“灰”这个字由表示手的“𠂇”和“火”构成，两部分合在一起表示柴火等燃烧后的灰烬。例如白居易《卖炭翁》中“满面尘灰烟火色，两鬓苍苍十指黑”；还有苏轼《念奴娇·赤壁怀古》中“谈笑间，樯[①]橹灰飞烟灭”。

“灰”字里面包含表示手的部分，意思是火熄灭之后，炭灰的余温渐凉，可以用手去触碰、抓握了。字形中表示手的部分原本写作“又”，所以“灰”在古代也有写成“叐”这种字形的。而“又”的甲骨文字形描摹的就是一只伸开手指的手。

由于表示灰烬，而且在一般情况下，炭火燃烧之后的残渣大致都呈现出介于

① 这个字读 qiáng，意思是桅杆，后来也指船只。

灰

孤山放鹤图

明

项圣谟

黑白之间的一种中间色，因此，“灰”后来也就有了表示这类中间色的意思。当然，正像“黑”“白”都是亮度概念一样，“灰”也属于一种亮度概念，而并不属于色度，例如“灰蒙蒙的天空”“瓶子里的水有些发灰发暗”等。

墨彩瓶
清

“灰”这种表示黑白、明暗之间的意思，使得它也承载了更多的隐含寓意。比如有些人通过一定手段与途径获得的财物，由于并不属于铁定的合理合法范畴，因此便不能公开拿到桌面上、暴露在阳光下；但是，这类收入很可能也是劳动所得，虽然不符合规定，倒也谈不上是能够明确界定的违法行为，与那些完全属于阴暗交易的勾当还隔着一段距离，因此，我们就把这类收益称之为“灰色收入”。

另外，我国古代还流传下来一句俗语叫作“哀莫大于心死”，而与此相反

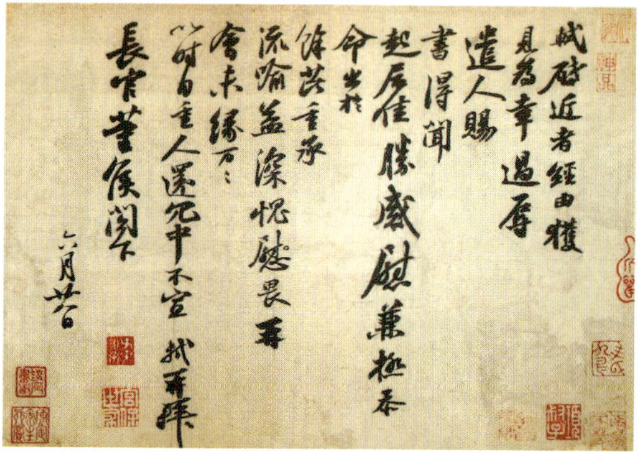

获见帖
北宋
苏轼

灰陶鞍马
西晋

的是“心情开朗”“心花怒放”等等。那么，介乎这两者之间的，还有一种形容丧失信心、意志消沉的说法叫“灰心”。例如苏轼《与杨元素书》中“某②病后百事灰心，无复世乐”，明确表达出苏东坡患病之后的一种消极心态。

② 这里的“某”指的就是自己。这是一种自我谦称。

但是，“灰心”在更早的时候，表示的却是修行悟道之人两耳不闻窗外事，全神贯注参悟天地万物之道的状态，意味着心如枯井、死灰，完全不为外物所动。例如“竹林七贤”之一阮籍的《咏怀》中“灰心寄枯宅，曷③顾人间姿”；还有五代十国时齐己的《闭门》中“外事休关念，灰心独闭门”。

③ 这个字读 hé，意思是“什么、怎么、为什么”等，一般只用于文言文。

再行一步

以上两类“灰心”显然不可同日而语，表示的完全是两种截然不同的状态。然而，不论哪种“灰心”，既有表象，内中必有缘由。

就说消极意义上的“灰心”吧，或许表露出这种心态的人，原本却是意气风发、积极向上的俊彦[④]，可能只是由于某种剧烈变故，或者是屡屡遭逢碰壁之事，所以才导致了认知方面的某些变化。

而“四处碰壁”的事，古已有孔夫子周游列国的境遇，今天自然也存在着遍寻门径而不得的情况。我国有句古话叫“碰了一鼻子灰”，说的大致就是计划遭到对方拒绝、想做的事不被认可那样一种情形。

虽然“碰了一鼻子灰”和“灰心”也许存在着某种因果关联，可是这里面的两个“灰”字表示的却并不是同一种意思。

后面一个“灰”字我们已经说过它的含义。而前一个“灰”字所表示的却是由“灰烬”引申出来的“尘土、灰尘、抹墙灰”

④ 这个字读 yàn，指的是品行、才能出众的贤人。

等意思。因此，“碰了一鼻子灰”比较接近“碰壁”“撞南墙”等等说法。因为之所以会“碰了一鼻子灰”，其原因很可能是撞上了“南墙”。

“撞南墙”这种说法则涉及我国传统的院落建筑格局了。在古时候，一般的大户人家，其宅院正门外往往建有一面影壁墙，为的是保护自家隐私，不让外人轻易窥探庭院内景。因此，主人或宾客出入大门时必须绕过影壁，如果一味直行，则存在着撞墙风险。由于院落大门一般都是朝南开，所以撞影壁这种情形就被称作“撞南墙”了。

有些一意孤行、固执己见的人，由于缺乏变通机巧，而且也常常忽视客观现实，但凡遇事，大都直来直去，因此为人处事往往遇到阻碍。所以，人们就把这种人的习惯行为称作“不撞南墙不回头”。那么，这样行事的结果，也就很可能导致鼻子蹭上影壁的灰尘或者抹墙的灰粉了。

扫描收听有声版

苍

cāng

蒼

“苍”上面的“艹”表示字的意思与草木有关，下面的“仓”表示字的读音；上下合在一起表示草的深绿色或暗绿色。《说文解字注》对它的解释是：“草色也。引申为凡青黑色之称。”例如《墨子·所染》中“染于苍则苍，染于黄则黄”。

“苍”既然同“青”有关，它所表示的颜色也必然同“青”一样，应该对应着一个深浅不一的区间。例如王维《辋[1]川闲居赠裴秀才迪》中“寒山转苍翠，秋水日潺湲[2]”，描写的是深秋时节绿色渐浓、渐深的景致；而鲁迅先生的《故乡》中“苍黄的天底下，远近横着几个萧索的荒村”，呈现出来的则是一派灰蒙蒙的天地之间散落着若干荒凉的村落这样

小篆

隶书

楷书

行书

① 这个字读 wǎng，指的是车轮外围的框子。“辋川”是唐朝时达官显贵、文人墨客均神往的位于陕西蓝田的一处风景名胜。王维晚年时曾从诗人宋之问手中购得辋川的一处房产。

② 这个字读 yuán，“潺湲”表示水流的声音。

辋川十景图卷（局部）
明
仇英

一幅衰败的画面。

的确，两个作品中的“苍”，色彩明显有别，所营造的氛围亦是天差地别。然而，或许正是由于草木变得“苍翠”或者“郁郁苍苍”时所隐含的那种季节时序上的“晚”，还有“苍黄、苍茫”等所呈现的那种灰暗中蕴藏着的白昼时间“已经过去了很多”等等寓意，共同造就了“苍”后来表示“年老”的意思。例如《初刻拍案惊奇》：“缁服苍颜，幅巾绳履，是个道人打扮。”

年老年少、道士俗人，其实都是芸芸众生。众生之中自有贤达，他们或是以天下苍生为己任，穷其一生传道授业解惑，启迪万千百姓；或是悬壶济世、橘井泉香③，以绝世医术祛除他人身心苦痛，拯救疾患于危难之时。有这样的贤人，是苍生之幸，是人类发展的保障。

“苍生”指的就是老百姓，例如明

③ 这是一个见诸多部古代文献的传说。大致内容是一位名叫苏耽的人，成仙升天之前告知母亲，用庭院中的井水和橘树叶能够治愈流行的瘟疫。此话后来果然应验，因此，“橘井泉香”就被用来表示药效神奇等意思，与“悬壶济世”“杏林春暖”一道成为中医药界的象征。

蒼

夏禹治水图
明
仇英

代于谦《咏煤炭》中“但愿苍生俱饱暖，不辞辛苦出山林”。在于谦笔下，沉默的煤炭仿佛有了灵性，于谦庇护苍生的境界堪比咏出《茅屋为秋风所破歌》的诗圣杜甫。

的确，这些沉睡地下多少亿年的黑色精灵，它们是温暖的源泉，也是动力的源泉，而且它们还是沧海桑田的亲历者和见证者。瞬息间的巨变，是多少生命的归宿，同时也是多少生命的新生。所幸，无论多么渺小的生命，它们也都有自己的一生。

再行一步

子在川上曰："逝者如斯夫。"这是对白驹过隙的感慨，而"白云苍狗"则是对世事无常的了然与无奈。

"白云苍狗"一说，语出杜甫《可叹》，原诗句为："天上浮云如白衣，斯须变幻如苍狗。"诗句的意思是浮云在天，瞬息万变，世事往往难遂[④]人意。

杜甫这篇诗作是为朋友王季友鸣不平的。原因是由于王家家道中落，结果王季友的结发妻子柳氏在娘家的巨大压力下，自拟休书弃夫而去。而时人因为不知其中原委，反而对王季友颇多微词。因此，洞悉个中隐情的杜甫就以诗代友澄清事实、以正视听。

杜甫之所以在诗中用"白云""苍狗"感叹世事沧桑，是因为王季友原本出身官宦世家，可是没想到其官至丹阳太守的父亲王仪官场生涯多艰险，遭逢变故之后，王季友一度沦落到编制草鞋换取日用的境地。昔日封疆大吏的贵公子，如今却卖鞋糊口，而且连结发妻子也因难以承受之重离他而去。冰火两

④ 这是个多音字，除了用在"半身不遂"里时读 suí 之外，表示其他意思都读 suì。

重天的巨变就如同天上的浮云，顷刻之间判若鸿沟。

然而，王季友如过山车般的生涯还远未结束。家道沦落之后，他苦读不辍[⑤]，后来果然中了状元，而且由于杜甫等一干好友举荐，他还在宦海沉浮数载，只是因为不想与当朝的李林甫为伍，所以后来又辞官回乡去过闲云野鹤的生活。当然，他一生的结局还算圆满。先是柳氏到王季友隐居的江西寻夫，二人前嫌尽释，破镜重圆；再者，王季友后来也曾被朝廷再度起用，而且死后还被赠"豫章伯"谥[⑥]号。

当然，中华历史数千年，亲历世事沉浮的绝不止唐代的王季友一人，例如清代惜秋等著《维新梦传奇》："白云苍狗，溯[⑦]前尘往事，不堪回首。"显然这是清代维新派人士对维新失败的凭吊。言辞中断头台上谭嗣同慷慨就义的情景仿佛依然历历在目，似乎在用他"去留肝胆两昆仑"的精神激励着有志于社会变革的一代又一代人。

⑤ 这个字读 chuò，意思是"中止、停止"等。

⑥ 这个字读 shì，"谥号"是古代帝王、贵族、大臣或其他有地位的人死后被追封的一种带有褒贬意义的称号。

⑦ 这个字读 sù，意思是逆流而上。

扫描收听有声版

褐

hè

福

小篆

隶书

楷书

行书

“褐”左边的衣字旁表明它的意思与衣物有关，右边的“曷[1]”表示它的读音；左右合在一起，最初指的是粗麻织成的袜子或者粗布衣服。例如《诗经·豳风·七月》中“无衣无褐，何以卒岁”，表达的是一贫如洗的老百姓对没有衣物蔽体御寒、如何能熬到岁末的忧虑。

由于粗麻的天然色一般都是黄黑、深棕这一类，所以“褐”后来就有了表示这种颜色的意思，例如宋代无名氏所作《大宋宣和遗事》：“时方近夏，榆柳夹道，泽中有小萍，褐色不青翠。”

在古代，麻是最普通的东西，用粗加工的麻线织布制衣虽然确实具有蔽体功用，但是实在属于比较原始的衣着文

① 这个字读 hé，意思是“什么、怎么、为什么”等，一般只用于文言文。

褐

茅舍缫车图
清
金农

挥扇仕女图（局部）
唐
周昉

化。拙朴的外形、黯淡的色泽和根本谈不上舒适的穿着感受，使麻织品只能与黎民百姓为伴，因此“褐衣”就成了贫贱之人的标志。例如《史记·平原君虞卿列传》：“婢妾被[②]绮縠[③]，余粱肉，而民褐衣不完，糟糠不厌。”这是多么鲜明的对比，帝王宫禁中的侍女个个锦缎加身，鸡鸭鱼肉餐餐都有富余；而普通百姓却连粗布衣物都破破烂烂，吃糠咽菜也不能保证吃饱。

② 这个字在这里是古代文言文的一种用法，意思与读音都与“披”相同。

③ 这个字读 hú，指的是一种绉纱。

再如明代冯梦龙《东周列国志》：“另将紧身褐衣，与员穿著[④]，扮作仆者。”意思是用“褐衣”把伍员伍子胥打扮成了仆人。

④ 这个字在这里读 zhuó，意思与表示“穿”的“着”相同。

“褐衣”既然是贫贱百姓的标志，那么“褐夫”明显就是指地位低下的老百姓了。例如西汉桓宽《盐铁论》：“是以褐夫匹妇，劳疲力屈，而衣食不足也。”他批判的是追求奢华、舍本逐末的社会

五百罗汉·布施贫饥（局部）
南宋
周季常 林庭珪

稻

风尚，指出正是这种风气使得劳苦大众由于衣物、粮食产能底下，难以满足需求而身体虚弱、疲态尽显。

也正是因为“褐”暗含贫贱意味，所以普通人家的子孙如果成为进士或者走入仕途，按照旧例还必须参加一种脱去布衣换官服的仪式。这类仪式就称作“释褐”或“解褐”。例如清代文献学家陆心源掇[5]拾遗文编成的《唐文拾遗》：“至德之初，释褐从仕，大历之末，擢[6]居宣徽。”再往后，这两种说法也就指一般的做官了。

⑤ 这个字读 duō，意思是“拾取、摘取”等。

⑥ 这个字读 zhuó，意思是拔和提拔。

农夫打架图
明
张宏

再行一步

褐衣虽然卑微，但是类比“秀外慧中”，或许身穿“褐衣”之人原本却有内秀，也算得上是“朴外慧中”了。我国历史上的确不乏这类“贫贱不能移”的例子，甚至连孔夫子这样的“圣人”也有被别人看成“丧家犬”的经历。

“被[⑦]褐怀玉”“被褐怀珠”“被褐怀宝”“被褐怀金”“被褐藏辉”等等，说的就是身穿粗麻布衣之人，内里却怀揣宝玉，跟所谓的“绣花枕头”刚好形成鲜明对比。这些说法的真实用意乃是比喻一些贤能之士隐藏其卓越才能不为世人所知，也比喻有真才实学而身世寒微的人士。

例如老子《道德经》：“知我者希[⑧]，则[⑨]我者贵。是以圣人被褐而怀玉。”老子在这里感叹的是世俗的识人习惯。意思是了解我的人很少，能够以我的主张为原则的人就更加难能可贵了，所以圣人在外人眼里不过是不修边幅、穿得破破烂烂的穷人，然而他们却怀揣治国、平天下的“金玉”。

再如《孔子家语》：“子路问于孔子曰：‘有人于此，被

⑦ 这几种说法中的“被”参见上文“被绮縠”的注释。

⑧ 这个字在这里代替的是“稀”。

⑨ 这个字在这里当动词用，意思大致相当于“遵循、依照”等。

褐而怀玉，何如？’子曰：‘国无道，隐之可也；国有道，则衮冕[10]而执玉。’”看起来，孔老夫子对于“被褐怀玉”具有比较独到的见解。他老人家认为，身处乱世，遇上奸佞当道、君王昏庸的情况，隐藏卓世才能是很有必要的；然而如果幸遇太平盛世，举国正气蔚然成风，那么，具有经世济民之才的贤人就要走入仕途，实现自己的治世抱负。

总之，不论上面哪种情况，以貌取人、以衣装识人的习惯肯定是要不得的，外表不起眼的璞玉已经让卞[11]和吃尽了苦头，这种事情最好只让它们成为神话或者传说。

白地黑褐花骏马图盘
明

⑩“衮”读作 gǔn，指的是古代帝王或高官的礼服。“冕”字的字形上面是古文“冃（帽）”，不是“曰”或“日”。

⑪ 这个字读 biàn，是一个姓氏。卞和是一个怀揣璞玉献宝不得，并且还先后被两个昏庸的君王砍掉了双脚的人。而事实是，他怀揣的璞玉乃是后来加工成“和氏璧”的绝世宝玉。“卞和泣血”讲述的就是这段血泪史。

扫描收听有声版

素

sù

“素”的金文字形是，两边是两只手的形状，中间的上半部分是“下垂”的“垂”在古代的一种字形“𠂹”，下半部分是表示“丝”的“糸[①]”字；几个部分合在一起，最初指的是一种未经染色并且经纬线比较细密的丝织物。

例如南北朝时期文学家徐陵辑录的《玉台新咏》，其中的古乐府诗《古诗为焦仲卿妻作》有“十三能织素，十四学裁衣”。这首诗其实就是大家耳熟能详的《孔雀东南飞》，其中爱情的坚贞令人感动，亲人的愚昧又叫人愤慨和无奈，而结局的凄惨更是令人动容和心痛。

另外，在《玉台新咏》收录的古诗八首中还有：“新人工织缣[②]，故人工织

小篆

隶书

楷书

行书

① 这个字读mì，指的是丝。

② 这个字读jiān，指一种双丝织成的比较细密的丝织物。

雍正耕织图册　经
清
佚名

素。”诗中描述的是一位弃妇上山采集一种名为“蘼[3]芜”的可以制作香料的草，下山时偶遇前夫，于是二人之间便有一段对话。这两句话其实是这名前夫旧情难忘的一种表白。他在言谈中表示前后妻子容貌相当，但是前妻更加手巧，因为虽然两位妻子都善于织出比较细密的丝帛，然而前妻却能织得更快也更多。

③ 这个字读 mí。

这首诗在让我们充分感受这位女子“大度”和这位男子“坦诚”的同时，也告诉我们一个事实：在古代，“织素”是考量纺织技艺的一个标准，而“素”虽然质朴，却也是质地上乘的丝织物。

从“素”这个字里面所包含的“垂”来看，刚好也能表明这一点。例如《说文解字注》：“从糸垂。取其泽也。泽者，光润也。毛润则易下垂。故从糸垂会意。[4]”段玉裁这段话所表达的意思大致是“素”由于润泽、细密、光滑，所以才会体现

④ 这里的几个“垂”字，《说文解字注》原文使用的都是古文字形。

老子玩琴图
唐
周昉（明人画）

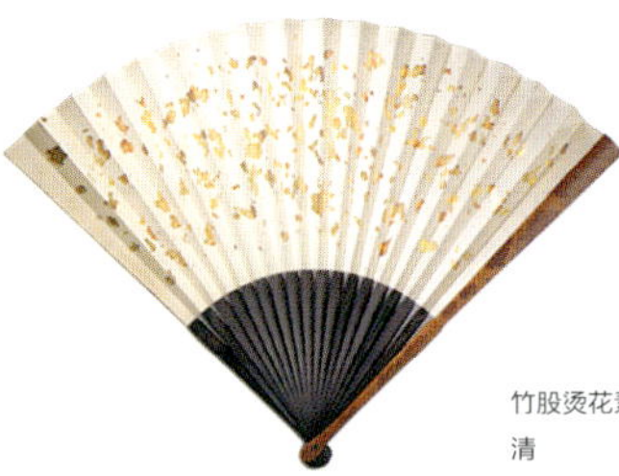

竹股烫花素面折扇
清

出很好的下垂感。实际上我们现在判断某种布料的质量是否属于上乘，很多时候也会以悬垂感作为评判的一种标准。

这种情况说明，虽然“素”后来发展出不加修饰的“质朴”等含义，但是，看起来越是朴素的东西，可能才越弥足珍贵。因为它们平凡的外表下面，极有可能蕴藏着旷世难寻的宝物。例如刘禹锡《陋室铭》：“谈笑有鸿儒，往来无白丁。可以调素琴，阅金经。”

秋林觅句图
明
万邦治

再行一步

《陋室铭》中的“陋室”，实际上就像文中引用孔夫子的话“君子居之[5]，何陋之有”，有君子居住，所以谈不上简陋。因为这样的“陋室”一是体现了一种审美理念，以简约、拙朴为美，不崇尚过度修饰和装饰；二是“陋室”的内涵其实并不简单，就像住神仙的山、藏蛟龙的水，满座高朋中尽是学富五车的大师，所以一把素琴也能奏出亘古绝响。

“素琴”指的是没有任何多余装饰的琴。与此相似的还有“素儿”“素面”等。例如陆游《闲居自述》：“净扫明窗凭素儿，闲穿密竹岸乌巾。”诗人的率真与洒脱在诗中体现得淋漓尽致。住在朴素、洁净的居所，闲来高绾[6]发巾、露出前额，漫步竹林。还有“花如解笑还多事，石不能言最可人”，简直妙不可言，从中不难感受到诗人对质朴无华的追求与感悟。

再如宋代刘克庄《清平乐》：“曾识姮[7]娥真体态，素面元无粉黛”；还有宋代王庭珪[8]《临江仙》：“素面玉妃嫌粉污，晨妆洗尽铅华”。一个以“素面”述说广寒宫中冰清玉洁的天界仙女；一个给一身傲骨的迎春腊梅冠以“素面玉妃”。试问，

⑤ 这半句话并不在《陋室铭》的引文中。《陋室铭》：“孔子云：何陋之有？”

⑥ 这个字读 wǎn，意思是“盘绕、打结”。在古代也表示浅红色。

⑦ 这个字读 héng。“姮娥”是“嫦娥”最初的称呼，后来到汉朝为避汉文帝刘恒的名讳，因而改称“嫦娥”。

⑧ 这个字读 guī，指的是古代帝王或诸侯在举行正式仪式时所携带的表明身份等级的玉器。它的读音与意思都与“圭”相同。

还有谁会怀疑素颜之下超凡脱俗的本真？

因此，“素则素矣”，但“素”绝不意味着简陋和平庸。就连“素菜、素餐、素食”也是从“不着色、天然”等意思发展而来，而并不意味着粗糙、凑合。当然，这也不是说只要是荤食就一定暗藏奢华，或者说一切素食都奉行朴实无华的风尚。

另外，“尸位素餐”与“素食”却没有半分关联，反而是与此有关的人很可能会鱼肉乡里，因为他们是占着位子不做事、只图白吃白喝的草包。其中“素”是由表示本色发展为表示白色，再发展为“空白”以及“白”的其他寓意。例如《汉书·朱云传》：“今朝廷大臣，上不能匡主，下亡[9]以益民，皆尸位素餐。”

与此相似，“鱼传尺素”也与饮食无任何关系，它指的是鱼腹中藏有书信的一个传说。“尺素”原本是指大约一尺见方、可以在上面写字的本色丝帛，后来专门表示书信，例如清代纳兰性德《采桑子》：“残更目断传书雁，尺素还稀。”

由于“素”的这种“本色”含义，它后来也可以表示一切“原本、原初”或者“根本、本质”的东西，因此，“素质”“质素”“因素”“要素”“元素”等等，其中的“素”指的都是最本质的内核。

⑨“亡”在古代有“无”的意思。

扫描收听有声版

皓

hào

晧

小篆

隶书

楷书

行书

“皓”左边是“白”，表示亮度和颜色；右边是“告”，表示整个字的读音；左右合在一起，最初意思是阳光照亮四方的状态，后来也表示白色。

就像“白”字本身就有太阳的影子一样，其实“皓”左边的“白”在古代也有写成“日”的情况，例如曹植《七启》中“丹旗耀野，戈殳[1]皓旰[2]”，用的就是这种字形。两句诗展现的是盛大的田猎场面，旌旗昭昭遍山野，戈矛闪闪映日光。

“皓”既可以表示光亮、光明，也可以表示净白、白皙，所以它在不同词语中所表达的意思也不相同。例如南北朝时期史学家、文学家裴子野《寒夜赋》：“日畹[3]晚而易潜，夜悠长而难曙，既而

① 这个字读 shū，指的是古代一种竹木制的长柄兵器。

② 这个字读 gàn，意思是天色已晚。“皓旰”的意思是光明亮丽。

③ 这个字读 wǎn，“畹晚”指的是太阳落山时的昏暗。

商山四皓图（局部）
清
佚名（传王齐翰）

商山四皓图（局部）
清
黄慎

庭流皓月，阶被凝霜。”这句话描写的显然是冬日的傍晚，由于昼短夜长，所以太阳显得很容易落山，漫漫长夜又曙光难现，入夜的庭院中月色如水银泻地，堂前台阶也铺上了薄薄的清霜。

而在明代小说家冯梦龙辑录编纂的《喻世明言》里，他笔下婀娜女子的模样则是：“玉人揎[4]皓腕，纤手映朱唇”；还有清末思想家、文学家王韬模仿《聊斋志异》的《淞隐漫录》，里面的红粉佳人也是“今夕何夕兮婵娟过，攘[5]皓腕兮扬素蛾”。看起来传统文化中的审美观念一直都是大同小异，虽然存在着“环肥燕瘦”等等说法，但是在一般情况下，樱桃小口、纤纤素手，特别是珠圆玉润的白皙手臂都是不可或缺的。这白皙的“皓腕”除了给人带来想象的空间，同时也给“皓”字罩上了一层唯美的轻纱。

相比之下，“庞眉皓发”“皓首穷经”

④ 这个字读 xuān，意思是捋袖子露出手臂。

⑤ 这个字读 rǎng，意思是“排斥、抢夺”或“捋起袖子”等。

松月图
南宋
马远

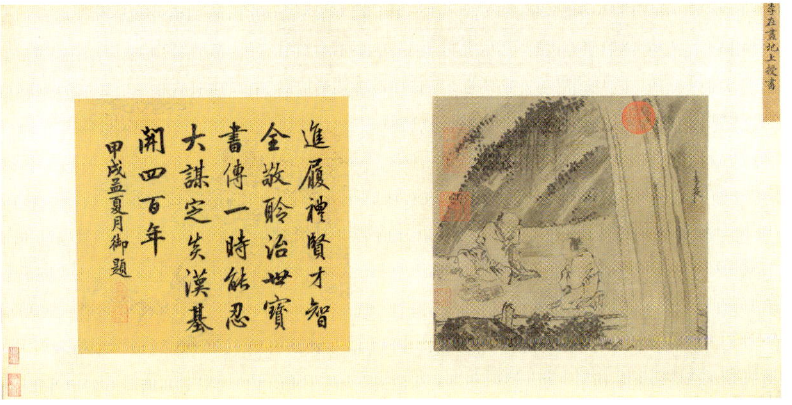

圯上授书
明
李在

就直白、朴实多了。垂垂暮年的老者，须发皆白，银丝似雪，但是精气神依然不减当年，刻苦钻研的劲头也令后生仰慕。例如《中华魂》1999年第11期曾经刊登过王伟东的署名文章《一位皓首穷经的老八路——记著名古文字学家李文放》。像这样的皓首，注定不会是“等闲少年”虚度一生的结局与归宿。

再行一步

雪白的发丝是岁月的积淀，也是智慧的象征，因此，“皓”在古代也就成了老者和智者的代称。例如李白《金陵歌送别范宣》中“送尔长江万里心，他年来访南山皓[6]”，其中“南山皓”指的是秦、汉年间著名的四大隐士“商山四皓”。

商山四皓，《史记·留侯世家》中记载的秦末、汉初隐居商山的四位高人，他们是：东园公庾宣明、夏黄公崔广、绮里季和甪[7]里先生周术。

有关这“四皓”的主要事件有两个。

第一个是他们为避秦朝末年的乱世隐居商山，在汉朝建立之后，又婉拒了刘邦邀他们入世的好意，但是却在刘邦打算废掉吕后所生太子刘盈的时候，应邀出山辅佐刘盈，使刘邦打消了另立太子的念头，后来助刘盈顺利登上了帝位。

第二个是他们之所以答应出山助刘盈一臂之力，与刘邦的谋士张良不无关系，因为他们之中的崔广与张良乃是故人。当年张良为得到高人崔广指点，曾经在一处名为“圯[8]桥”的地方

⑥ 也有版本作“老”。

⑦ 这个字读 lù，按照前人考据，有意见认为这个字是把“角”字误写形成的；有意见认为这个字原本表示的是一种动物。这个字从古至今一般都用在地名里，例如古代的“甪里”，现在的江苏省“甪直”古镇。

⑧ 这个字读 yí，是古代东南地区对“桥”的一种称呼。

为后者穿鞋，并三度应约与老人见面，最终用诚意打动了崔广，从而得到崔广给予的兵法一部。因此，出面请四老帮刘盈的应当就是张良。

“商山四皓”在中国历史上属于影响很大的人物，所以后来有关他们的文学作品也很多，例如李白就有题为《商山四皓》的诗篇，诗中说道：“白发四老人，昂藏南山侧。偃卧松雪间，冥翳[9]不可识……功成身不居，舒卷在胸臆……飞声塞天衢[10]，万古仰遗则。”其他如苏轼等也有以此为题材的诗作、词作，元代还有名为《圯桥进履》的杂剧。因此可见“四皓”的影响之大。

不过，就字面意思看，有一种意见认为“皓”字原本应当作“颢”，因为后面这个字最基本的意思就是“白头”，读音也与“皓”完全一样。这种解释自然有一定道理，但是却不能因此而完全否定“皓”本身也可以引申出“白头”，进而引申为“老者”这样的字义发展脉络。

⑨ 这个字读 yì，最初指的是羽毛制成的车的华盖，后来也指具有遮蔽、屏障作用的东西，例如“云翳”。

⑩ 这个字读 qú，在古代最初指可以通往四个方向的道路，后来也指比较宽阔的四通八达的大路。

扫描收听有声版

黔

qián

小篆

隶书

楷书

行书

“黔”这个字左边的“黑”表示字的意思与“黑色”有关，右边的“今”表示字的读音；左右合在一起，意思就是“黑、黑色”。例如《后汉书·马融传》中“鸷[①]兽毅虫，倨牙黔口”，意思是比较凶猛的野兽与昆虫，它们都有弯曲的牙，嘴巴则是黑色的。

古代还存在着“黔喙[②]”这样的说法，其中“喙”本来指的是鸟兽的嘴，而黑嘴的禽鸟往往都属于猛禽，比如鹰、隼之类。这类凶猛的鸟类，它们的嘴巴一般都是非常有力的武器，其锋利程度几乎可以切金断玉，因此，可以说它们的嘴对于猎物而言，某种程度上类似可以豁开土地的“犁”。而看上去非常巧合

① 这个字读 zhì，本来意思是“凶猛的禽类”，后来也表示“凶猛、残暴”等。

② 这个字读 huì，现在比较常用的意思是指鸟类的嘴，但是在古代也指其他动物的嘴。例如《左传·昭公四年》：“深目而豭喙”，这里的“喙”说的就是猪的嘴巴。

鹰击天鹅图
明
殷偕

的是，表示“犁”这种农具的，在古代有一种名称是“钤[3]”。这个字与“黔”读音相同，字形相近。所以，“黔”与“犁”也就间接产生了联系。

③ 这个字最初指的是“犁”，后来也表示“盖章”等，例如“钤印”。

而且，按照《四库全书》以及其他古代经典的相关记载，明代抗倭英雄归有光所著《易经渊旨》中，讨论到八卦中“艮”卦的“黔喙之属”这种说法时，他就认为“黔”与表示“犁”的“钤”相通。

因此，从功能上说，“黔”与“犁”有关。而“犁”由于读音相近的关系，与表示黑色的“黧”，以及表示“黑马、黑牛”的“骊、犛[4]”等在意义方面均有相通关系。此外，《说文解字》对“黔”的解释也是“黎也”。而这个“黎”字同样与本文提到的与黑色有关的字存在着读音相近、意义互通的情况，例如司马迁《史记·李斯列传》：“手足胼胝[5]，

④ 这个字读 lí，也读 máo，指的是“牦牛、黑牛”等。

⑤ 这个词读 pián zhī，意思是手部、足部等表面皮肤由于长期与他物摩擦而形成的茧子。

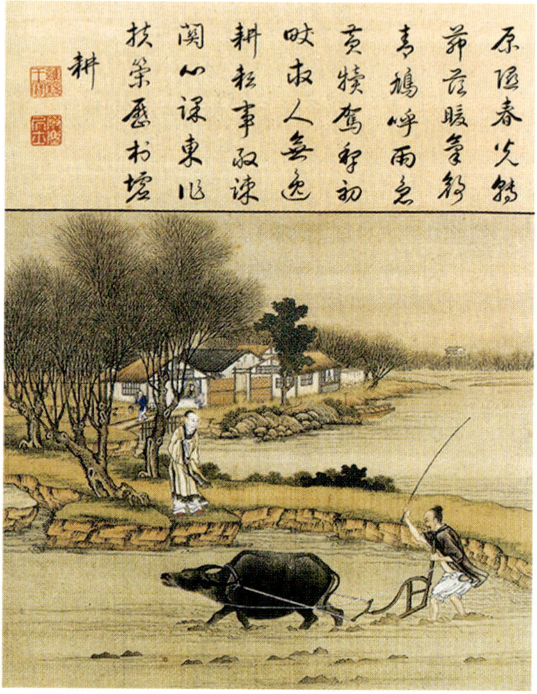

雍正耕织图册　耕

清

佚名

面目黎黑。”

由此看来，“黔”表示黑色的意义源流就是通过它与“犁”“黎”等汉字之间的关联发展而来的。

由于“黎”也可以用来表示“黎民百姓”，因此，与此相应地就产生了一种说法叫作“黔首”。例如西汉贾谊《过秦论》中“焚百家之言，以愚黔首”，意思就是秦始皇“焚书坑儒”的目的不过是使百姓变得愚蠢而已。

黔

兵马俑
秦

再行一步

然而，秦始皇这种愚民政策也只能是逞一时之快。中华历史上的优秀经典、杰出人物何止万千，尤其是中华文明的人文精神，这些都是植根于华夏儿女内心深处的无尽宝藏，岂是一把火、几个坑就能付之一炬、毁灭于尘土的？

例如淮南王刘安等人所著《淮南子》："孔子无黔突，墨子无暖席"，其中"黔突"的字面意思是把烟囱熏成黑色，隐含寓意为生火煮饭。因此，这两句话大体意思是孔子、墨子由于终日忙于事务，就连做一顿热饭或者坐下来歇一会儿的工夫都没有。可见在民众心目中，什么人是为一己私利而蝇营狗苟，什么人是为推动社会进步而殚精竭虑，这是无须言说、公道自在人心的事情。

还是在《淮南子》里面，作者又写道："神农憔悴，尧瘦臞[6]，舜霉黑，禹胼胝。由此观之，则圣人之忧劳百姓甚矣！故自天子以下至于庶人，四肢不动，思虑不用，事治求赡者，未之闻也。"作者从所谓的"圣人"劳神费心而导致的某些生理状态，总结

⑥ 这个字读 qú，在古代与"癯"的意思相同，表示"消瘦"。现在表示这种意思一概都用"癯"了。

神农伏羲像
明
佚名

道统五祖像 夏禹
南宋
马麟

出他们“先天下之忧而忧”的精神风范。但是与此同时，作者也说从君王到百姓，“一分耕耘一分收获”是千古不变的真理，不劳而获这类情况纯属黄粱一梦。

这段话与《论语》里面说治水英雄大禹“卑宫室而尽力乎沟洫”的言论互相参照，会让我们非常清晰地感受到，历史上有多少杰出人物为民众、为社会鞠躬尽瘁、死而后已，“过家门而不入”几乎就是家常便饭。

也正是这种家国兴亡、匹夫有责的精神，才使得我们的民族能够从洪荒的远古一路走来，薪火相继、生生不息。

图书在版编目（CIP）数据

花草字传．万紫千红 / 张一清著．—济南：山东友谊出版社，2016.7

ISBN 978-7-5516-1070-4

Ⅰ．①花… Ⅱ．①张… Ⅲ．①汉字—通俗读物 Ⅳ．① H12-49

中国版本图书馆 CIP 数据核字 (2016) 第 163187 号

策划编辑：姜海涛
特约策划：龙朝朝
内文插画：知更鸟插画生活馆
责任编辑：张亚欣
装帧设计：姜海涛
排版制作：安树仁

主管单位：山东出版传媒股份有限公司
出版发行：山东友谊出版社
地　　址：济南市英雄山路 189 号　邮政编码：250002
电　　话：出版管理部（0531）82098756
　　　　　市场营销部（0531）82098035（传真）
印　　刷：山东临沂新华印刷物流集团
版　　次：2016 年 8 月第 1 版
印　　次：2017 年 1 月第 2 次印刷
规　　格：135mm × 185mm
印　　张：6
字　　数：100 千字
定　　价：39.50 元